Adolf Müller

Der Soldat im Frieden

Charakterbild mit Gesang, Tanz, Tableaus etc. in drei Acten

Adolf Müller

Der Soldat im Frieden
Charakterbild mit Gesang, Tanz, Tableaus etc. in drei Acten

ISBN/EAN: 9783744631501

Hergestellt in Europa, USA, Kanada, Australien, Japan

Cover: Foto ©Thomas Meinert / pixelio.de

Weitere Bücher finden Sie auf **www.hansebooks.com**

Den Bühnen gegenüber als Manuscript gedruckt.

Der Soldat im Frieden.

Charakterbild mit Gesang, Tanz, Tableaux ꝛc. in drei Acten

von

Friedrich Kaiser.

Musik vom Kapellmeister Ad. Müller.

Personen:

Baron Maindorf, Gutsbesitzer.
Clotilde, seine Tochter.
Herr von Nesselheim, deren Verlobter.
General Steinlmfeld.
Hauptmann Stürmfort.
Kurzmann, Oberarzt.
Anton Hart, Gefreiter.
Stram, } Gemeine.
Horner, } Gemeine.
Weißberger, Müller und Bürgermeister.
Rudolf, sein Sohn, Feldwebel.
Rosi, seine Tochter.
Knettmann, Bäckermeister.
Adrian, sein Sohn.
Steffler, Quartiermeister.
Bracker, Schulmeister.
Ellse, seine Schwester.
Wenzel, Ortswächter.

Robert Schwenk.
Ercole, ein Acrobat.
Ali, Araber.
Jean, Haushofmeister } im Dienste des Baron Maindorf.
Paul, Büchsenspanner } im Dienste des Baron Maindorf.
Franz, } Diener } im Dienste des Baron Maindorf.
Johann, } Diener } im Dienste des Baron Maindorf.
François, Koch } im Dienste des Baron Maindorf.
Spund, Kellermeister } im Dienste des Baron Maindorf.
Peter, Koch } im Dienste des Baron Maindorf.
Jack, Reitknecht } im Dienste des Baron Maindorf.
Jacob, Bauernbursche.
Nanni, Magd.
Ein Kellner.
Pepl, } Schuljungen.
Hanns, } Schuljungen.
Natzi, } Schuljungen.

Gäste des Barons, Officiere, Gesellschaftsdamen, Militär zu Fuß und zu Pferde, Dorfbewohner, Schuljugend, Seiltänzer, Acrobaten, Arbeiter, Zigeuner, Tänzer, Dorfmusiker, eine Militärbande ꝛc.

Erster Act.

(Freie Gegend an der Grenze des Ortgebietes von Aschendorf — im Vordergrunde rechts ein Wirthshaus — in der Mitte der Bühne eine aus Tannenreisern zusammengefügte und mit bunten Fahnen behangene Triumphpforte, im Hintergrunde waldige Anhöhen.)

Erste Scene.

Weißberger, Knettmann, Adrian, Bracker. Mehrere ältere Bewohner des Ortes, unter diesen Steffler. Die Schuljugend mit ihrer Fahne (auf der rechten Seite der Triumphpforte). Nanni, Jacob, Bursche und Dirnen. Erstere Blumensträuße auf den Hüten, letztere solche auf der Brust und in den Händen tragend. (Auf der linken Seite der Triumphpforte.) Dorfmusiker. (Hinter der Triumphpforte postirt.)

Weißb. (ungeduldig nach dem Hintergrunde sehend). Noch allweil nichts z'sehen und nichts z'hören! Meiner Seel'! Wenn jetzt die Pöller nicht bald losgeh'n, so geh' ich selber los, und renn auf und davon bis zur Eisenbahnstation!

Brack. Welch' ein Gedanke! Sie müssen hier bleiben an der Spitze der Gemeinde, als deren neuer Bürgermeister.

Weißb. Ach was! ich bin nicht nur neuer Bürgermeister, sondern auch alter Vater — Heldenvater noch dazu!

Brack. Nun ja, Ihr Sohn hat sich im Kriege ausgezeichnet, er kömmt heute zurück, avancirt und decorirt — die ganze Gemeinde theilt Ihre Freude und hat sich hier versammelt, um ihn an der Grenze seines Geburtsortes nach einem von mir entworfenen Programm feierlichst zu begrüßen — nun werden doch nicht Sie allein vorauslaufen?

Knettm. (zu Weißberger). Nein, Vetter! Das geht nicht — Ihr müßt Euch an's Programm halten, sonst wird aus der Pasteten ein Dalken!

Weißb. Na, in Gottesnamen! Zum Glück ist da ein Wirthshaus! (Gegen dasselbe rufend.) Gebt's mir noch a Krügel heraus!

(Ein Kellnerjunge bringt einen Krug Wein.)

Weißb. (thut einen mächtigen Zug).

Knettm. Nehmt's Euch nur in Acht! Ihr trinkt's heut' a bißl z'viel und lauter puren Wein — schütt's wenigstens a Wasser hinein!

Weißb. Warum nicht gar! Ich bin Müller, ich brauch's Wasser nothwendig für meine Mühlen, nachher werd' ich's selber wegtrinken! — Sorgt's Euch nicht um mich — heut' krieg' ich kein andern Rausch, als ein' Freudenrausch! (Den Krug schwingend.) Juchhe! Vivat! Mein Sohn soll leben!

Adr. (zu Weißberger). Aber, Herr Schwiegervater! Ihr redt's heut' nur alleweil von euren Sohn, vergeßt's denn ganz d'rauf, daß's auch a Tochter auf d'Welt bracht habt's?

Weißb. Warum ist sie eine Tochter — ein Mädel? Ha! ich wünschet mir, daß sie auch ein recht tüchtiger Bursch wor'n wär'!

Adr. (fast erschreckt). Na, das thät ich mir ausbitten!

Weißb. Ha ha ha! Dir wär das freilich nicht so angenehm — Dir als ihrem Bräutigam!

Adr. (seufzend). Bräutigam? Wer weiß, ob's noch wahr ist!

Weißb. (beleidigt). Ob's noch wahr ist? — Hab' ich's nicht g'sagt? Du paßt zu ihr — sie ist eine Müllerstochter, Du ein Bäckerssohn, der also sein sicheres Brot hat — jetzt schon Jodel ist.

Knettm. Und also in kurzer Zeit das sein wird, was ich jetzt bin!

Weißb. Ueberdieß sein wir eh schon weitschichtig verwandt, sie braucht nicht ein' Stockfremden zu heiraten!

Adr. Aber seitdem sie weiß, daß' mich heiraten soll, thut's allweil fremder! Ich sag' Euch, sie ist öfter von einer Kälten gegen mich, daß ich in ihrer Nähe völlig den Rheumatismus kriegen könnt'!

Weißb. Paperlapap! — Was sich liebt, das neckt sich! Aber (sich umsehend) wo ist's denn? Sie hat g'sagt, sie wird gleich nachkommen, und ist noch nicht da! — Sie wird doch die Feierlichkeit nicht versäumen?

Adr. (traurig). Nein, nein, kommen wird's schon, aber sie hat nur nicht mit mir geh'n wollen!

Weißb. Sie muß doch neben Dir steh'n, damit ich Euch zwei mein'm Sohn gleich als a Brautpaar vorstellen kann; und während der Zeit, die er hier zubringt, muß noch eure Verlobung sein, oder 's Kreuzdonnerwetter — — (Man hört von einiger Entfernung her zwei Pöllerschüsse. Er läßt in freudigem Schreck den Krug aus der Hand fallen.) Ha! habt's es gehört? Pöllerschuß! Signal! D'Eisenbahn halt — er steigt aus — er kommt — er kommt!

Alle (in freudiger Bewegung aus ihren Reihen tretend und gegen den Hintergrund blickend). Er kommt! er kommt!

Brack. (zu der in Unordnung gerathenen Schuljugend schreiend). Halt! halt! Steh'n geblieben!

Weißb. (fast außer sich). Was? Steh'ngeblieben?! Das halten meine Füße nicht aus! — Entgegen! ihm entgegen! Alle! (Will fort.)

Brack. (ihn zurückhaltend). Aber es heißt ja im Programm: an der Grenze des Ortes!

Weißb. Nichts da! Mein' Freud' kennt keine Grenzen! Halt's mich nicht auf! ich hab' heut' z'reden! Mir nach, wer mei' Freud' wirklich theilt! Er kommt! Juchhe! (Eilt seinen Hut schwenkend nach dem Hintergrunde ab.)

Knettm. und alle Uebrigen (eilen ihm, ebenfalls ihre Hüte schwenkend, in bunter Unordnung nach).

Brack. (verzweifelnd die Hände ringend). Mein Programm! Meine Anordnungen! In meinem Leben werd' ich kein Festordner mehr! (Eilt den Uebrigen nach.)

Adr. (allein zurückbleibend). D'Rosi wird sich mit'n Aufputzen verspät' haben — ich hol's — jetzt muß's doch mit mir geh'n! (Nach dem Vordergrunde rechts ab.)

Zweite Scene.

Rob. (in einem abenteuerlichen Anzuge, einen breitkrämpigen Hut auf dem Kopfe, in einem buntverschnürten Sammtrocke, eine rothe Schärpe um die Hüfte und eine Reitpeitsche in der Hand, kommt mehr im Vordergrunde links heraus).

Lied.

Nimmt man das Leben wie man will,
's ist nie was Anders als a Spiel!
Jed's Kind — a Nummer der Lotterie,
Das Eine wird gezogen nie!
Mit'm Andern, wo sie's nie gedacht,
Hab'n d'Eltern oft ein Terno g'macht!
Und wachst der Bub heran zum Mann,
Fangt er zu mariagen an,
Doch wechselt dann die Karten sie,
So wird oft d'raus a Tapp-Partie,
Wo er, so viel's ihn auch verdrießt,
Doch meistens nur der Strohmann ist!

(Mit leichtsinniger Ausgelassenheit.) Ja! 's Leben ist ein Spiel, und 's kommt selten darauf an, ob man die Spielregeln recht kennt, nur keck muß man dreingeh'n, und Glück muß man haben! Das Sprichwort sagt zwar: „Das Glück ist blind." Aber das ist erlogen! Wenn's Glück wirklich blind wär', wie könnt's denn so Manchen jahrlang bei der Nasen herumführen, während es selbst sich von Niemanden führen läßt! Nachher heißt's aber „ein Sprichwort — ein Wahrwort!" und g'rad das Sprichwort ist selber eine Lüge, denn ein wahres Wort kann schon deswegen kein Sprichwort werden, weil man die Wahrheit am seltensten sprechen darf. Ist z. B. das wahr, wenn man sagt: „Die Morgenstund' hat Gold im Mund'?“ Sieht man nicht, daß just die Leut', die gezwungen sein, schon bei Sonnenaufgang an d'Arbeit z'geh'n, höchstens a paar Kupfergroschen verdienen, während so mancher Chef, der sich erst um elf Uhr aus den Federn macht, damit er von halb zwölf bis halb eins im Bureau die Zeitungen lesen kann, mit Gold bezahlt wird! Wie dumm ist das Sprichwort: „Ein Schelm, der mehr gibt, als er hat,“ — soll's nicht vielmehr heißen: „Ein Schelm, der weniger gibt, als er kann?“ — Ein anderes Sprichwort sagt: „Unrecht Gut gedeiht nicht!“ Lächerlich! woher kämen denn dann die dicken Bäuche der Lieferanten? Oder: „Wem der Himmel ein Amt gibt, dem gibt er auch Verstand.“ Wie kommt's dann, daß die meisten jungen Männer, sobald's nur ein Amt haben, gleich an's Heiraten denken! Nein, nein, laßt's mich aus mit den Sprichwörtern, denn sie sein nichts, als die Weisheit der Dummköpfe; von allen Sprichwörtern hat sich nur Eins bewährt, das: „Ehrlichkeit währt am längsten,“ denn wenn man die jetzige Welt betracht', so sieht man, daß die Ehrlichkeit schon am längsten gewährt hat! Natürlich! Ehrlichkeit ist weiblich — Weiber aber taugen zu großen Geschäften nicht, darum hat man die Ehrlichkeit pensionirt, und der Schwindel ist an ihre Stell' kommen! — Man red't jetzt so viel von Industrie — ja, ja! Die Industrie hat uns geadelt, d'rum gibts jetzt so viel Industrie-Ritter! — Man schämt sich fast schon, als einfacher bürgerlicher Kerl unter ihnen herumzugeh'n, und darum hab' auch ich mir in diesem Orden die ersten Sporn verdient! Also hin zum Pharaotisch kühner Unternehmung, Alles eingesetzt! Ich ruf': „Va banque!“ — Die Bank steht hoch, entweder spreng ich sie, oder — — (sich rasch eines finsteren Gedankens entschlagend) Ah pah! Wer zuerst an die Gefahr denkt, sinkt nie! Ich denk' nur an's Gelingen! — Aber zuvor will ich mich ein wenig im Spiellocal und in der Spielg'sellschaft umschauen, ob nicht ein unheilbringender Kibitz in der Nähe ist! (Sieht sich ringsum, dann nach rechts blickend.) Ha! da kommen ein paar Eingeborne — vielleicht dienen die mir, um mich etwas zu orientiren! Legen wir uns vor der Hand etwas in den Hinterhalt! (Zieht sich etwas zurück.)

Dritte Scene.

Robert (verborgen), Rosi, Adrian.

Rosi (eilt zuerst vom Vordergrunde rechts heraus, den ihr folgenden Adrian mit Widerwillen abwehrend). Laß mich! Laß mich!

Adr. Aber Rosi! warum rennst denn so vor mir davon? Hab' ich denn gar so was Schreckliches an mir? — Ich bin ja so fromm wie a Lamperl!

Rosi. Sag': wie a Schaf! — Das ist's eben! Und Du sollst mein Mann werden! Müßt' ich mich nicht schämen, wenn bei der Hochzeit der Pfarrer zu mir saget: „Er soll dein Herr sein!“ (Spöttisch lachend auf Adrian weisend.) Der da — (mit Stolz) mein Herr!

Adr. O Gott! Das ist ja nur so a Formel! — 's fallt' mir ja gar nicht ein, daß ich dein Herr werden wollt! im Gegentheil, ich will dein Bedienter, dein Knecht sein, so lang' ich leb'!

Rosi. So kannst meinetwegen zu mir in Dienst geh'n, aber ein' Knecht z'heiraten, dazu ist die Müller-Rosi zu stolz!

Adr. (kleinlaut). Jetzt kenn' ich mich schon gar nicht mehr aus! Als Herrn willst mich nicht, als Knecht auch nicht — was sollt' ich denn hernach werden?

Rosi. Ein Mann!

Adr. Aber das bin ich ja — auf Ehr'!

Rosi. Ja, das hast bewiesen vor zwei Jahren!

Adr. (nachdenkend). Vor zwei Jahren? Was war denn damals?

Rosi. Die Stellung zum Militär!

Adr. Richtig! Ich war just in die Zwanzig — folglich militärpflichtig — ich weiß nicht, warum's just die Zwanziger so gern nehmen? Aber g'nug — alle Burschen, die just in dem Alter waren, haben sich im G'meindehaus zur Stellung einfinden müssen!

Rosi. Und d'runter warst auch Du und der arme Halter-Tonl!

Adr. Ja, und g'rad der Trottl hat das Glück, und zieht a Loos, was ihn frei g'macht hätt', und ich derwisch eins, wo's mich behalten hätten — aber ha, ha, ha! ich war g'scheit!

Rosi. Sag', Du warst niederträchtig, hast die Einfältigkeit von dem armen Burschen benützt, und in der G'schwindigkeit die Loos vertauscht! So bist Du frei geblieben, und er ist assentirt worden!

Adr. Um ihn war weniger schad'! — Was hat er denn g'habt, wie er noch bei uns war? — Er war a Waisenbub', den die G'meind' aus Barmherzigkeit aufg'futtert, und hernach zum Viehhüten verwend't hat, wo er auf der Hutweid' mit den Kälbern fraternisirt, und auch nicht mehr g'lernt hat als sie!

Rosi. Er war doch glücklich in seiner Lag', und 's Scheiden ist ihm so schwer g'fallen! — Ich seh' ihn noch, wie er mit dem grünen Sträußel auf seiner Mützen zum letzten Mal bei mein' Fenster vorbei ist — er hat so schwermüthig zu mir hinaufg'schaut, und vor Thränen nichts Anders herausbracht, als: »B'hüt Gott — auf immer!« (Mit wehmüthiger Erinnerung.) Ich kann's nicht vergessen!

Adr. (stutzend). Du! Dir geh'n die Augen über und mir geh'ns auf! War am End' der Halterbub' für Dich eine Weid — nämlich ein' Augenweid'?

Rosi (sich beleidigt abwendend). Du bist ein — — (Wieder mit Stolz.) Ich und so ein Bursch'! — Ich bedaure ihn und sonst nichts!

Adr. Aber mich hätt'st nicht bedauert! — es war damals schon d'Red' davon, daß bald a Krieg ausbrechen wird, was hätt'st denn gethan, wenn ich hernach so als Stelzfuß heimkommen wär', und um Dich ang'halten hätt'!

Rosi. Dann — dann hätt' ich Dich g'nommen!

Adr. Merkwürdig! Dreiviertel Mann wären ihr lieber als a ganzer! — Aber 's hätt's Leben auch kosten können, und das Leben ist mir ein zu werthvolles Angedenken von Vater und Mutter, als daß ich's so leichtsinnig auf's Spiel g'setzt hätt'! Ich will überhaupt gar nichts vom Krieg wissen, mir war schon in der letzten Zeit das ewige Reden von Schlachten und die Schwärmerei für die Soldaten langweilig! Ich frag': was hab' ich davon, daß's so g'rauft haben?

Rosi (erregt). Das hast Du davon, daß Du jetzt nicht mehr roth z'werden brauchst, wenn man Dich ein' Deutschen nennt.

Adr. (ganz albern). I bin ja früher a nit roth worden.

Rosi (sich mit tiefster Verachtung von ihm abwendend). Auf die Red' hab' ich kein' Antwort mehr.

(Man hört zuerst von einiger Entfernung, dann immer näher kommend, Musik und lautes Vivatrufen.)

Adr. (aufhorchend). Ha! dein Bruder kommt — geh'n wir ihm miteinander entgegen! (Will ihre Hand fassen.)

Rosi (ihn von sich drängend). Nein! Du bleibst da! Wenn Leut', wie Du, bei der Rückkehr von unseren Helden jubeln, so ist's nichts als Heuchelei! Bleib' da — schau' Dir mein' Bruder gut an, dann betracht' Dich selber im Spiegel, vielleicht wird's Dir doch klar, daß Du in unsere Familie nicht paßt! (Eilt rasch dem Hintergrunde zu.)

Adr. (ihr nacheilend). Aber Rosl! Rosl! laß' mich nicht dasteh'n wie a Nannerl! Nimm mich mit! (Läuft ihr nach.)

Rob. (hervortretend). Man feiert hier die Rückkehr eines Helden! Am End' kommen mehrere Soldaten in's Ort. — Das wär' für mich etwas störend — (in die Scene sehend) aber nein! Vor der Hand ist's nur Einer — mit dem werd' ich mich bald auf vertrauten Fuß stellen können — 's heißt nur die G'legenheit abwarten! (Tritt wieder zurück und mengt sich dann unter die übrigen Ortsbewohner.)

Vierte Scene.

Robert, Dorfmusiker, Bracker (mit den Schulkindern). Die Bursche und Mädchen. Jacob, Nanni. — Die Dorfmusiker (kommen, einen lustigen Marsch aufspielend, raschen Schrittes zuerst herein und stellen sich bei der Triumphpforte auf).

Die Schulkinder (eilen bunt durcheinander gemengt ihnen nach). Die Bursche und Mädchen (folgen denselben, laut jubelnd).

Chor der Schulkinder.

Heil dem Helden dieses Krieges,
Der mit Zeichen seines Sieges
Zu der Heimat warmen Herd,
Von den Seinen froh umschlungen,
Und mit Kränzen reich umrungen,
Heute ist zurückgekehrt!
Rufet All' mit lauter Stimme:
Heil dem Tapfern! Heil! Heil ihm!

Fünfte Scene.

(Während des Chors, welcher von dem lauten Jubelgeschrei der Cameraden übertönt wird, fährt ein Wagen, welcher von zwei mit Bändern und Blumen aufgeputzten Pferden gezogen wird, und in welchem Rudolf und Weißberger, sich umschlungen haltend, stehen, rasch vom Hintergrunde durch die Triumphpforte ein. Zu jeder Seite des Wagens reiten zwei festlich geschmückte Bauernbursche mit ihren Peitschen knallend — Rosi, Adrian, Knottmann, Steffler — die übrigen Ortsbewohner eilen zunächst dem Wagen herein.)

Die Mädchen (werfen, sobald der Wagen hält, ihre Blumensträuße in denselben).

Rud. (in der Uniform eines Feldwebels, die goldene Medaille an der Brust, noch vom Wagen herabsprechend). G'nug, liebe Landsleut'! Und schon mehr als z'viel! Dank Euch herzlich! Aber jetzt laßt's mich nur vom Wagen herunter, damit ich den Boden meiner Heimat wieder berühre! (Springt rasch vom Wagen, gerade Rosi in die Arme.) Rosi! Schwesterl! Grüß Dich Gott, tausendmal! (Küßt sie und eilt dann mehr in den Vordergrund, sichtbar mächtig erregt.) Da bin ich wieder! (Zu Weißberger, der ebenfalls vom Wagen gestiegen ist.) Vater! wißt Ihr noch, das ist die Stell', bis zu der Ihr mich vor drei Jahren, wie ich zum Militär gangen bin, begleitet habt! Da habt's mich zum letzten Mal umarmt und g'segn't und dazu g'sagt: „Rudolf, 's ist dein eigner Willen, daß Du Soldat — wirst — in Gottes Namen! halt Dich brav und mach' uns keine Schand'!“ — Das hab' ich Euch damals versprochen, unser Herrgott hat mir g'holfen, daß ich mein Wort hab' halten können! Er hat mich geschützt mitten in der Schlacht, er führt mich g'sund und mit dem Ehrenschmuck an der Brust wieder daher zurück, und darum commandir' ich mir jetzt selber: „Zum Gebet.“ (Nimmt den Czako ab und blickt voll inniger Andacht nach oben.)

Alle Männer und Bursche (ziehen gleichsam unwillkürlich auch ihre Hüte ab).

Rud. (nach einer Pause sich wieder bedeckend). So! — Er wird mich verstanden haben!

Weißb. (mit hervorbrechenden Freudenthränen). Und mich auch! mich auch! Rudolf! Laß Dich noch einmal recht anschauen! (Faßt Rudolf auf beiden Schultern.) Warta bißl! Ich seh noch nicht recht! 's ist bei mir inwendig so warm, da rinnt mir's Wasser über die Fenster! (Sich die Augen trocknend.) Aber nein! Solche Thränen soll man gar nicht trocknen — Thränen, die ein Vater aus Freud' über seinen Sohn weint! (Fällt Rudolf um den Hals.)

Brack. (zu Weißberger tretend). Ja, es ist Ihnen Glück zu wünschen zu so einem Sohn, der brav ist in jeder Beziehung, denn mit

Vergnügen hab' ich wahrgenommen, daß er nicht, wie ich wohl befürchtet hatte, im wüsten Kriegsleben das Beten verlernt hat!

Rud. (heiter zu Bracker). Ha, ha! Sie haben das glaubt, Herr Schulmeister? Fehlgeschossen! Im Krieg' lernt man's Beten erst recht! Ich sag' Ihnen, wenn so vor einer Schlacht der Feldpater sein Segen über's ganze Regiment gibt, da zuckt's gar g'waltig durch alle Herzen, denn Alle fühlen's lebendig, daß schon im nächsten Augenblick Leben und Schicksal nur in der Hand Gottes liegt! und wenn dann nach einem Sieg sich Alle wieder sammeln, die Regimentsbanda vortritt, und das „Großer Gott wir loben Dich!“ anstimmen, da hab' ich oft g'sehen, wie den ältesten Soldaten 's helle Wasser über die grauen Schnurbärt' herabtropft ist! Ich mein, so ein' Andacht bringen die Leut' im Frieden gar nicht z'samm', und wenn's stundenlang im Hochamt sitzen, und die Opernsänger auf'n Chor noch so schön singen!

Brack. Nun, jedes nach seiner Weise! Aber jetzt erlauben Sie, daß ich zuerst die festliche Anrede — (Zieht eine Schrift hervor.)

Rud. (ablehnend). Ich dank!' — 's ist so viel, als ob ich's g'nossen hätt'! Nur keine einstudirten Förmlichkeiten! Wann's meine Landsleut' freut, daß ich glücklich heimkommen bin, so zeigen Sie mir's am besten, wenn's heut' recht ungenirt lustig sein!

Weißb. Dafür ist gesorgt! (In die Scene rechts zeigend.) Dort auf der Wiesen ist der Tanzboden herg'richt! (Zu den Burschen und Mädchen.) Dorthin nehmt's die Musikanten mit, und tanzt's, daß der Staub davonfliegt!

Die Bursche. Allons! Zum Tanz! (Wollen die Mädchen fortziehen.)

Nanni (zu Rudolf). Aber Sie, Herr Feldwebel, kommen doch auch nach?

Rud. Versteht sich, und mit einer jeden von Euch mach' ich ein' Tanz! (Zu den Burschen.) Wann Ihr nichts dagegen habt's!

Jac. Fallt uns nicht ein! Sie können heut' tanzen, mit welcher s' wollen — 's ist uns ein Ehr'. (Zu den Uebrigen.) Aber jetzt kommt's!

Alle. Juhe! Zur Musik! (Eilen mit den Musikanten nach rechts ab.)

Die Schulkinder (folgen ebenfalls).

Weißb. Und für uns hab' ich da heraußen Tisch' b'stellt! — (Ruft gegen das Wirthshaus.) Aufgetragen!

Einige Kellner (tragen zu beiden Seiten bereits gedeckte Tische, Stühle und Bänke heraus).

Weißb. Setzt Euch, Nachbarn, zum Essen! Zeigt's mein Sohn, daß auch Civilisten sich auf's Einhauen versteh'n, und daß Ihr Euch auch nichts d'raus macht's, wann Einer oder der Andere ein klein' Hieb davontragt!

Knettm. (auf einen Tisch im Vordergrunde weisend, auf welchem ein großer Blumenstrauß steht). Wir setzen uns daher, der Rudolf obenan!

Rud. Ah was! 's soll kein Oben- und kein Untenan geben! Ich setz' mich zu Vater und Schwester, das ist mein liebster Platz!

Weißberger, Rudolf, Rosi, Knettman, Adrian (setzen sich an den bezeichneten Tisch).

Die übrigen Ortsbewohner (nehmen an den andern Tischen Platz).

Rob. (während sich die Uebrigen setzen, für sich). Jetzt ist die beste G'legenheit, mich bei Allen einzuzegeln! (Winkt einem Kellner zu sich, und spricht leise mit ihm.)

Brack. (zu Weißberger). Wenn der Herr Bürgermeister nicht ungütig nehmen, so möcht' ich wohl bitten, auch an Ihrem Tische Platz nehmen zu dürfen!

Weißb. Nur her da zu uns! G'rad Sie, Herr Schulmeister, dürfen nicht fehlen. Mein Sohn repräsentirt den Nährstand, da muß also auch der Lehrstand vertreten sein, denn sein die drei Ständ' freudig bei einand', dann ist Glück und Segen im Land'!

Rud. Ha, ha! Ihr habt da, vielleicht ohne d'ran zu denken, ein recht hübschen Toast ausgebracht!

Weißb. So? War das ein Toast? Nachher sollten wir ja aber auch dazu trinken und anstoßen! — Also die Gläser zur Hand.

Rud. Halt! halt! wo unser Einer dabei ist, muß der erste Trinkspruch auf wen ganz Andern ausgebracht werden! Ich bin überzeugt, daß Alle freudig einstimmen werden, wenn ich jetzt mein Glas erheb — (Steht mit dem Glase in der Hand auf.)

Zwei Kellner (treten aus dem Wirthshause, einer derselben trägt einen Korb mit Champagner-Bouteillen, der andere lange Stengelgläser auf einer Tasse und stellt letztere auf den Tisch).

Alle (verwundert). Was ist das? Champagner?

Weißb. Wer hat denn den bestellt?

Rob. (vortretend). Ich hab' mir die Freiheit genommen, die Batterie auffühten zu lassen, die bei den Toasten zugleich die nöthigen Salven geben soll!

Rud. (sieht Robert befremdend an). Wer ist denn der Herr?

Rob. Ein Mann, der gern dabei ist, wo einem braven Soldaten zu Ehren ein Fest gegeben wird, der aber auch sein Theil dazu beitragen will! (Entkorkt während dieser Rede eine Bouteille, füllt ein Stengelglas und hält dieses Rudolf hin.) Nehmen's das Glas, Herr Feldwebel, das paßt besser zum G'sundheit trinken!

Rud. Ich danke, das Glas, mit dem ich mein erstes Lebehoch ausbringen will, darf kein solches schwindsüchtiges Stingelglas sein, es muß ein' soliden Boden haben, es darf auch nicht mit dem ausländischen Wein g'füllt sein, der mehr als d'Hälfte Schaum ist, sondern mit ein' guten, alten Oesterreicher, voll wie uns're Herzen, denn (sein Glas erhebend, zu den Anwesenden) wir wollen trinken auf das Wohl des Kaisers von Oesterreich!

Alle (sich freudig erhebend und mit den Gläsern anstoßend). Hoch unser Kaiser! hoch! hoch!

Adrian (nachdem er auch getrunken). Ah! jetzt wär' ich in der Stimmung, über die Franzosen (auf die Champagner Bouteillen zeigend) herz'fallen, und ihnen die Häls z'brechen.

Rud. (zu Robert). Zuerst müssen wir aber wissen, mit wem wir die Ehre haben?

Rob. (hält Rudolf seine Hand hin). Mit einem Kriegscameraden!

Rud. Wie? Sie sein Soldat?

Rob. Ich war's — aber keiner von denen, die nur Soldaten werden, weil sie müssen, — ich hab' schon als sechzehnjähriger Bursch Vater und Mutter verlassen, und bin mit den Freiwilligen nach Italien, hab' den Krieg mitg'macht und in allen Schlachten mitg'fochten.

Rud. (ihn etwas mißtraulich betrachtend). Wirklich?

Rob. Ja, und damit ich mich bei jeder Gelegenheit damit ausweisen kann, trag' ich meine Tapferkeitszeugnisse Tag und Nacht bei mir. (Den rechten Rockärmel aufstreifend und seinen nackten Arm aufweisend). Da schaut her!

Weißb. (auf Roberts Arm blickend). Ah! die breiten Narben! Wo haben's die kriegt?

Rob. In einer Bataille, wo ich ganz allein einen Obersten aus fünf feindlichen Reitern herausg'haut hab'!

Weißb. und Knettm. Allein? — Gegen Fünf?

Rob. Ha! Solche Affairen haben immer den größten Spaß g'macht! Ich könnt' Euch noch mehr solche mit Säbelklingen geschriebene Atteste vorzeigen, aber — (Rudolf vertraulich auf die Schulter klopfend) nicht wahr, Camerad! Ihr versteht das Kriegshandwerk, und glaubt jetzt, daß ich ein tüchtiger Soldat war'!

Rud. Hm! 's Dreinschlagen allein macht nicht den tüchtigen Soldaten aus! Aber warum sein's denn nicht beim Militär geblieben?

Rob. Wie der Krieg aus war, ist unser Freiwilligencorps aufgelöst worden, man hat mich zwar gebeten, daß ich mich in eine reguläre Trupp' einreihen lassen soll, aber das Casernenleben im Frieden wär' nicht nach meinem G'schmack, ich hab' mich deshalb auf eine freie Kunst verlegt, bei der Kraft und Courage nie aus der Uebung kommen, und bin jetzt Principal bei einer Aerobaten-Gesellschaft!

Weißb. Einer Croaten-G'sellschaft?

Rob. (verbessernd). Aerobaten — das sind Künstler —

Rud. (etwas verächtlich). Sie sind also so eine Art Luftspringer-Seiltänzer?

Rob. Ja, ich lieb' den Stand, weil er mit G'fahr verbunden ist, ich setz' wohl alle Tag meine g'raden Glieder, ja mein Leben auf's Spiel, aber das thut der Soldat im Krieg auch (zu Rudolf) 's ist also kein Unterschied — nicht wahr — Camerad?

Rud. (aufwallend). Mein Bester! Der Soldat setzt sein Leben auf's Spiel für sein' Kaiser, für sein Vaterland — Sie aber für ein paar Gulden —. Der Unterschied ist so groß, daß von einer Cameradschaft zwischen uns keine Rede sein kann! (Wendet sich von ihm ab.)

Weißb. (sieht gegen die Scene links). Wer kommt denn da? — Ah — der Monsieur Jean, der Haushofmeister vom Baron, ob'n auf'n Schloß — was will denn der da?

Sechste Scene.

Vorige. Jean.

Jean (kommt eilig vom Vordergrunde links). Ah, da treff' ich ja noch Alle beisammen. (Zu Weißberger.) Guten Tag, Herr Bürgermeister!

Weißb. Auch so viel! (Steht auf und hält ihm sein Glas hin.) Ist's vielleicht g'fällig?

Jean. Danke! Ich komme nicht wegen Ihrem Wein, sondern ich will Ihr Fleisch und Blut!

Weißb. Was, mein Fleisch und Blut?

Jean. Ihren Herrn Sohn nämlich! — Ah, da ist er ja! (Zu Rudolf.) Herr Feldwebel, meine Sendung betrifft Sie!

Rud. Mich?

Jean. Ja, mein gnädiger Herr, Baron von Mainsdorf, hat erfahren, daß Sie heute angekommen sind, und läßt Sie bitten, sich heute noch auf dem Schlosse vorzustellen.

Weißb. (geschmeichelt). Hörst! — Auf's Schloß — zum Herrn Baron, diese Ehr' —

Rud. (mit einigem Stolze). Na, ich bin wohl schon ganz ander'n Leuten vorgestellt worden — und — aufrichtig g'sagt, ich hab' nur auf einen Tag Urlaub, um meine Familie heimsuchen z'können — bei der möcht' ich also den Tag zubringen — der Herr Baron wird mich also wohl entschuldigen.

Jean. Aber es ist auch der Herr General von Steinumfeld auf dem Schlosse, und auf dessen Wunsch —

Rud. (rasch aufstehend). Ah — ein Herr General — das ist etwas Ander's! — Melden Sie mich indeß, ich werd' mich gleich präsentiren!

Jean. Schön! Schön! So empfehl' ich mich wieder. — (Will fort.)

Weißb. Aber warum denn gar so eilig? Rasten's Ihnen a biß'l aus! —

Jean. Ich — rasten? Ja, wenn's möglich wär', aber vor einigen Tagen ist davon keine Rede — Sie wissen ja —

Weißb. Ja, ja — ich hab' g'hört — ein großes Fest auf dem Schloß —

Jean. Ja, das fünfzigste Geburtsfest des Herrn Baron, es soll besonders pompös gefeiert werden — der ganze Adel aus der Nachbarschaft ist eingeladen und soll mit den mannigfaltigsten Vergnügungen und Spectakeln unterhalten werden! — In den Salons Ball — im Parke Feuerwerk und Fest-Aufzüge — das ganze Arrangement ruht auf meinen Schultern — und nun läßt mich eine der wichtigsten Personen im Stiche!

Weißb. Wer ist das?

Jean. Ein gewisser Robert Schwenk, ein Mensch, der ein besonderes Geschick in der Stellung von Tableaux, in der Aufführung gymnastischer Productionen und pantomimischer Scenen haben soll — den wollte der Herr Baron für das Parkfest engagiren — ich wandte mich brieflich an ihn, er sagte zu, schickte ihm Reisegeld nach Ungarn für ihn und seine Gesellschaft — vor zwei Tagen sollte er schon hier sein, und läßt nun von sich nichts sehen und hören! Er kommt am Ende gar nicht! 's ist sich nie zu verlassen auf derlei Sujets!

Rob. (zu Jean tretend). Sujet?! — Wie können Sie so bagatellmäßig von einem berühmten Künstler sprechen? Kennen Sie den Herrn Robert Schwenk?

Jean. Nur par renommée — persönlich nicht!

Rob. (ausholend). Aber auf dem Schlosse wird ihn doch Jemand kennen?

Jean. Keine Seele!

Rob. (sich vergessend). Famos! (Rasch hinzusetzend.) Ich find' es nämlich famos, daß Sie, obwohl weder Sie noch ein Anderer ihn kennt, dennoch behaupten, daß er nicht da ist!

Jean. Aber ich werd's doch am besten wissen —

Rob. Ich am allerbesten!

Jean. (verwundert). Sie? Wer sind Sie?

Rob. (zieht einen Brief hervor und hält ihn Jean vor die Augen). Lesen Sie die Adresse —

Jean. (auf den Brief sehend, überrascht). Meine eigene Handschrift — an Herrn »Robert Schwenk« — der Brief, den ich selbst an ihn geschrieben! Mein Herr! Sie sind doch nicht am Ende selbst—?

Rob. (sich in die Brust werfend). Robert Schwenk, bekannt, so weit die deutschen und und noch andere Zungen reichen!

Jean. (hoch erfreut). Also Sie — dennoch hier?! — Nun, Gott sei Dank! — Die Angst, welche ich schon Ihrethalben ausgestanden habe, aber (sich umsehend) Sie sind allein? Wo haben Sie Ihre Leute?

Rob. Die hab' ich auf der letzten Station zurückgelassen, wo sie sich in Staat werfen, denn noch heut' Abend will ich an der Spitze meiner Truppe meinen feierlichen Einzug durch das Dorf und auf das Schloß halten!

Jean. Charmant! Charmant! Das wird gleichsam ein Vorspiel zu den Festlichkeiten der nächsten Tage — aber jetzt eil' ich sogleich zurück und melde dem Herrn Baron, daß Sie hier sind, denn auch dieser war schon über Ihr Ausbleiben verstimmt! (Zu Allen.) Adieu allerseits! (Zu Rudolf.) Herr Feldwebel, kommen Sie bald nach! Ah — nun ist mir ein Stein von der Brust gefallen! (Eilt nach links ab.)

Rob. (für sich). Mir auch! mir auch! Es geht! (Sich zur Gesellschaft wendend, mit Stolz.) Jetzt muß ich zu meiner Truppe! — Sie haben ja gehört, daß die ganze Herrschaft auf dem Schlosse fast vor Sehnsucht vergeht, mich zu sehen! (Mit einem Blick auf Rudolf.) Es gibt noch Leute, welche die Kunst zu schätzen wissen! Und gar die Acrobatik — das ist die Kunst aller Künste, um die uns selbst hochgestellte Personen beneiden müssen! Was gäb' mancher Staatsmann am Conferenztische darum, wenn er seine Balancirstange so halten könnt', daß durch diese Europa wieder in's Gleichg'wicht käm'? Oder ein Volksvertreter, wenn er auf dem Schlappseil der öffentlichen Meinung, wie unser Einer, ohne Schwindel bis zur höchsten Stell' hinanschreiten könnt'! — Wie froh wär' mancher Finanzminister, wenn er die Last der Staatsschulden so leicht heben könnt', wie mein Signor Ercole seine Centnergewichte? Diese Alle könnten bei mir in die Schule gehen, und deshalb kann es mich nicht alteriren, wenn mir ein Herr Feldwebel die Cameradschaft aufkündet! — Adios, Caballeros! (Nickt herablassend mit dem Kopfe, und geht stolz nach dem Hintergrunde ab.)

Rud. (ihm nachsehend). Geh' — aufgeblasener Prahlhanns!

Knettm. (zu Rudolf). Aber, daß Du ihn gar so abtrumpfst hast — er war doch auch Soldat — seine Wunden —

Rud. Wer weiß, wo und wie er die kriegt hat? — Uebrigens ist zwischen einem abenteuernden Raufbold, den's immer nur dorthin zieht, wo's just d'runter und d'rüber hergeht, und einem echten Soldaten noch ein gewaltiger Unterschied! Mit ein Wort: Mir g'fallt der Bursch' nicht, und ich bin froh, daß ich den Wein, mit dem er uns hat tractiren wollen, nicht angerührt hab'! Aber jetzt muß ich zum Herrn General — ich werd' wohl schnell wieder zurück sein — auf baldiges Wiedersehen also! — (Ab nach links.)

Weißb. (ihm nachrufend). B'hüt' Dich Gott, Rudolf! (Ihm mit dem Ausdrucke der innigsten Vaterfreude nachsehend, zu den Uebrigen.) Ist das ein Mann word'n, mein Bub'! — Was?! — Der g'wisse Stolz! Und wie's um ihn zugeht! Der Herr Baron laßt ihn einladen — der Herr General will ihn sehen! 's ist a völlig's G'riß um ihn! Wem Andern g'schehen denn leicht solche Ehren? Ha! s'geht halt nichts über ein' Kriegsmann! — Mich freut's, daß er einer wor'n ist, und wann ich noch zehn Söhn' hätt', alle müßten's mir Soldaten werden! (Füllt sein Glas auf's Neue, und tritt mit demselben in die Mitte der Bühne.) Kommt's, Freund' und Nachbarn; stoßt jetzt mit mir an: Vivat der ganze Soldatenstand!

Alle (mit ihm anstoßend). Vivat der Soldatenstand! Hoch!

Siebente Scene.

Vorige, Anton, Stramm, Horner, später die Bursche und Mädchen. — Jacob, Nanni.

Ant. (in der Uniform eines Gefreiten). Stramm und Horner (als Gemeine eines anderen Regiments als das Rudolfs treten in voller Marschadjustirung vom Hintergrund links auf).

Ant. (bleibt noch im Hintergrunde stehen, commandirt). Halt! Bei Fuß!

Die Gemeinen (gehorchen).

Die Bauern (sich umsehend, erstaunt). Soldaten?!

Ant. (vortretend). Wo treff' ich hier den Ortsvorstand?

Weißb. (zu Anton). Der Bürgermeister bin ich! Was steht zu Diensten?

Ant. Wir sind als Quartiermacher voraus g'schickt — in den nächsten Tagen folgt eine halbe Compagnie, die hier bequartirt werden muß! (Gibt Weißberger eine Schrift.)

Die Bauern (unter einander murrend). O je! Schon wieder ein' Einquartirung!

Jacob, Nanni, die Bursche und Mädchen (kommen während des Folgenden auch wieder zurück).

Rosi (hat Anton schärfer in's Auge gefaßt, für sich). Mein Gott, seh ich denn recht? (Will etwas näher zu ihm treten.)

Abr. (sie am Rocke zurückhaltend). Was hast denn auf einmal? Bleib' da! Einem Soldaten darf man nicht zu nahe treten!

Weißb. (nachdem er die Schrift gelesen, verstimmt den Kopf schüttelnd, leise zu Knettmann). Gleich a halbe Compagnie!

Knettm. (leise zu Weißberger). Wieder so a Last für die G'meind'.

Weißb. (leise, die Achseln zuckend). Dagegen laßt sich nichts thun! (Laut zu Anton.) Na — 's ist gut! (Zu Steffler.) Nachbar Steffler! Ihr seid's Quartiermeister — schafft's eure Anstalten!

Steffl. (verdrießlich zu einigen Bauern). Mitten unter der Unterhaltung wieder ein Amtsg'schäft! (Laut zu Anton.) Na so kommt's halt glei' mit, daß ich Euch die Quartierzetteln ausstell' — (Geht voraus, dem Hintergrunde zu.)

Ant. (für sich). 's kennt mich kein Mensch mehr! (Laut zu Weißberger.) Adieu, Herr Bürgermeister! (Geht, nachdem er noch einen Blick auf Rosi geworfen, zu den Gemeinen zurück.)

Rosi (für sich). Die Stimm' — der Blick! Ich muß mich überzeugen!

Ant. (commandirend). Schultert! Halb rechts! Marsch! (Sie gehen.)

Rosi (ruft laut). Tonl!

Ant. (erfreut, zuerst zu den Gemeinen). Halt! (Eilt vorwärts, herzlich.) Jungfer Rosi!

Alle Anwesenden (erstaunt). Ja, was ist denn das?

Rosi (zu Allen). Kennt's ihn denn nicht mehr? Der Halter-Tonl!

Alle (auf's Neue erstaunt). Der Halter-Tonl!

Ant. Ja, ich bin's! (Mit Rührung zu Rosi.) Und daß g'rad' Sie mich zuerst erkannt haben, Jungfer Rosi! Ich kann Ihnen nicht sagen, wie mich das freut!

Rosi (sich fast schämend und mit zurückweisendem Stolz). Ihr dürft's Euch das nicht anders auslegen, als daß ich mir halt die G'sichter besser merk', als die Andern! (Wendet sich ab.)

Weißb. (zu Anton). Ich hätt' Euch meiner Seel' nicht erkennt! Ihr habt's jetzt a ganz and're Haltung — ein' and're Sprach' —

Adr. Mein Gott, das kommt daher, weil er sich hat ein' Schnurbart wachsen lassen!

Weißb. (zu Anton). Na, wie ist's Euch denn alleweil 'gangen? — Wart's auch im Krieg?

Ant. (verstimmt). Nein, mein Regiment ist in der Garnison geblieben!

Weißb. (kühler). So! so!

Adr. (leise zu Rosi). Er hat's Pulver noch nicht g'rochen!

Rosi (ärgerlich zu Adrian). Und Du hast's nicht erfunden!

Ant. (zu Weißberger). Wir wären Alle gern' mit in's Feld, aber was hilft's? Der Soldat muß dort bleiben, wohin er commandirt worden ist!

Weißb. (wie oben). Freilich! freilich! Na — wenigstens sind's g'sund blieben! Wann's mit Eurer Bequartierung in Ordnung seids, kommt's wieder daher auf a Glasl Wein! — 's seids ja doch ein G'meind'kind — und mein Sohn, der Feldwebel mit der Medaille, ist auch da!

Ant. Ja? — Nun, dann komm' ich! Auf Wiedersehen also! — B'hüt' Gott, Jungfer Rosi! (Wieder zu den Gemeinen tretend.) Marsch! (Sie gehen mit Steffler nach rechts ab.)

Rosi (sieht Anton nach). 's ist wirklich merkwürdig! — Er ist ganz ein And'rer — und schon G'freiter!

Adr. Na ja — er ist a G'freiter — aber vergiß nicht, daß Du auch bereits eine Gefreite — eine von mir Gefreite bist!

Rosi (sich von ihm abwendend). Ich hab' Dir noch kein' Fahneneid g'schworen.

Adr. (zu den andern Burschen). Daß die Madeln gleich die Augen stecken lassen, wann's nur ein' Uniform sehen, das ist so ein' Unform! — Gebt's Acht, die Soldaten verdrahen ihnen noch allen die Köpf'!

Jac. Oho! Das wollten wir sehen! So lang d'Soldaten im Ort sein, führt Keiner von uns sei' Dirn zum Tanz —

Die andern Bursche. Ja, ja — so halten wir's!

Jac. (zu Nannl). Und wann ich seh', daß Du mit ein' speanzelst, so hau' ich Dich aus'n Salz, damit'st nicht vergißt, daß ich dein Schatz bin! und jetzt — (zu den andern Burschen) kommt's, führen wir die Weibsleut' heim! (Geht mit den übrigen Burschen und Mädchen nach rechts ab.)

Bracker und die übrigen Bauern (entfernen sich auch).

Adr. (zu Rosi). Siehst! so discuriren die andern Burschen mit ihren Dirnen! wenn ich's mit Dir auch so machen wollt!

Rosi (ihn über die Achseln ansehend). Na, so probier's halt einmal!

Knettm. (zu Adrian und Rosi). Geht's — geht's! streit's nicht allweil! Laßt's uns lieber von was G'scheitern reden! (Zu Weißberger.) Ihr habt's ja g'sagt, daß, sobald Euer Sohn da ist, unsere Familien-Angelegenheit in Ordnung bracht werden soll —

Adr. (zu Rosi). Hörst! Familien-Angelegenheit! — das geht uns Zwei an! Wir sollen eine Familie werden! Wenn nur dein Bruder schon vom Schloß z'ruck wär'!

Rosi. Ja! Ich wünschet das auch schon!

Adr. (erfreut). Ja? Kannst es auch schon nicht mehr erwarten?

Rosi. Ja, ich kann's nicht mehr erwarten, daß er der G'schicht ein End' macht, denn er wird sich um mich annehmen, er wird nicht dulden, daß ich gezwungen werd'. —

Weißb. Nicht dulden! Er! Er ist Soldat und weiß, was Subordination ist, er wird eine gegen die väterliche Autorität rebellirende Tochter nicht unterstützen!

Rudolf's Stimme (noch hinter der Scene). Vater! Schwester!

Rosi. Ha! da ist er! (Wendet sich gegen links, bleibt aber staunend stehen.) Was seh' ich?

Achte Scene.

Vorige. Rudolf.

Rud. (In Lieutenants-Uniform, die goldene Medaille an der Brust und die Feldbinde von der linken Schulter nach der rechten Hüfte tragend, tritt in freudiger Aufregung von links auf). Da bin ich wieder! Jetzt seht mich an!

Rosi. Rudolf — Du — Officier!

Weißb. (seinen Augen kaum trauend). Du — Du — Off — Offi — ein Sessel! ich muß umfallen! (Taumelt zurück.)

Rud. (rasch zu ihm eilend, heiter). Vater! faßt Euch doch!

Weißb. (sich wieder aufraffend). Nein, nein! Hahaha! ich will mich gar nicht fassen — ich will närrisch werden vor Freud'! Mein Sohn! mein Rudolf — Officier! (Die einzelnen Auszeichnungen betastend.) Gold'nes Porte-épée, gold'ner Stern, gold'ne Borden, gold'ne Rosen! O mein gold'ner Rudolf! (Umarmt ihn ungestüm, drängt ihn aber wieder von sich weg.) Geh' a bissel weiter weg von mir, sonst, meiner Seel! freß ich Dich vor lauter Lieb' mitsammt dem Czako und Sabel! Hahaha! Ich hab' ein' Officier zum Sohn! — (Stolz.) Ich!

Rosi (zu Rudolf) Aber erzähl' doch, wie das so g'schwind kommen ist?

Rud. O — das war schon Alles vorbereitet! Der Herr General hatt' von mir gehört, und wie ich jetzt zu ihm kommen bin, hat er mich zuerst über unsern Feldzug, über Schlachtenaufstellung u. s. w. befragt, und ich hab' ihm Bescheid geben, so weit ich's können hab', darauf sagt er: »Wollen Sie in mein Regiment übertreten, Herr Lieutenant?« — Ich seh' ihn ganz überrascht an — er aber fahrt gleich fort: »Ich habe schon das Nöthige veranlaßt — Sie sind von dieser Stunde an mein Adjutant, und damit Sie sogleich als solcher erscheinen können« — dabei macht er die Thür vom Nebenzimmer auf, wo diese ganz neue Uniform und der Säbel schon bereit gelegen sind, drängt mich hinein und sagt: »Werfen Sie sich rasch in Staat und dann kommen Sie mit mir zum Frühstück!«

Weißb. Zum Frühstück? Das muß ein lieber Mann sein — dein General!

Rud. Wir sind dann hinüber in den Salon —

Weißb. (erstaunt). In den Salon?! (Zu den Uebrigen) Hört's! mein Sohn! — Salon! (Mit Stolz.) Natürlich — Officier — (Zu Rudolf.) Red' weiter, Lieutenant.

Rud. Dort war der alte Baron und die Baronesse Clotilde — wie ich die gesehen hab' —

Weißb. Na, die hast Du ja schon kennt, bevor Du zum Militär bist —

Rud. Freilich! aber damals war sie kaum 14 Jahre alt — ein halbes Kind — ich hab' ihr oft, wenn sie an unsern Garten vorbeigegangen ist, einen Blumenstrauß über den Zaun gereicht — aber jetzt, Vater! wenn ihr sie jetzt sehet — —

Weißb. Na, jetzt ist's halt um drei Jahre älter!

Rud. (begeistert). Kann man das älter werden nennen, was nur immer schöner

— strahlender wird? Ich war fast geblendet von ihrer Erscheinung, denn die Engel selber müßten froh sein, wenn's so aussch'n wie sie! — und sie, die Baroness', hat mir zuerst gratulirt, und mir mit ihren eigenen schneeweißen Händen die Feldbinden umgebunden!

Weißb. (stutzend). Feldbinden umbunden? — Fangt da am End' ein' Bandlerei an? — Rudolf!

Rud. Ja, Vater, ich gesteh' Euch's — mir war, als wenn mir ein Blitz in's Herz gefahren wär'!

Weißb. (fast erschreckt). Herr Gott, hast denn kein' Blitzableiter aufg'steckt? Die Baroness'! Die ist doch zu hoch!

Rud. Wenn ich immer gedacht hätt' — „das ist zu hoch," so hätt' ich nie eine Schanzen erstürmt! —

Weißb. Aber die Baroness' ist ja keine Düppler-Schanzen!

Rud. Gleichviel: „Vorwärts!" heißt meine Losung! Ich bin zwar jetzt erst ein neugebackner Lieutenant — aber in ein paar Jahren soll der Stern (auf den Stern auf seinem Rockkragen zeigend) eine Borte zur Unterlag' kriegen, und wenn ich dann als Stabsofficier —

Weißb (von dem Gedanken fast schwindlich). Du — Stabsofficier? — Die Baroness' deine Braut? — — (Aufgeregt.) Ja! sie muß Dich nehmen — sie muß! — ich thu's nicht anders! Ha! Ich komm' ein, daß Dir ein neuer Krieg bewilligt wird, damit Du g'schwinder avancirst — und dann bist Du ja nicht nur Officier, Du bist auch ein reicher Sohn — Du sollst auftreten wie ein Cavalier! Brauchst Geld? Nur sagen — . .

Rud. (lächelnd). Danke! danke! lieber Vater!

Weißb. Was! ka Geld brauchen! Was wär'st Du denn für ein Officier! Gleich kommst mit mir, damit ich meine Unverbrennbare aufmach'! und deine Brieftaschen vollstopf'! Du bist einmal mein Stolz, Du sollst auch mein einziger Luxus sein! (Will ihn mit sich fortziehen.)

Knettm. (ihm in den Weg tretend). Aber Vetter, vergeßt nicht — Ihr habt ja g'sagt — daß Ihr, so lang der Rudolf da ist —

Weißb. (verletzt). Der Rudolf! der Rudolf! Könnt Ihr nicht sagen: „der Herr Lieutenant?"

Rud. Macht keine Umstände! Aber wenn's etwas zu sprechen gibt, worüber Ihr meine Meinung hören wollt, so thut es heute, denn morgen muß ich den Herrn General nach der Stadt begleiten!

Knettm. Na — 's betrifft die Rosi und den Adrian, die ein Paar werden sollen —

Adr. Und noch mehr, als ein Paar, wenn wir nur erst verheiratet sein —

Rud. Hm! Da hab' nicht ich, sondern nur die Rosi zu reden! —

Rosi (mit hervorbrechenden Thränen). Ja, wenn mich der Vater reden ließ'! Aber ich werd' ja gar nicht ang'hört! D'rum bitt' ich Dich — red' Du! —

Rud. (zuckt die Achseln). Mein Gott! ich —

Rosi (dringender). Denk' Dir, die Baroness' Clotild' sollt' an ein Menschen verheirat' werden, den sie nicht aussteh'n kann, und sie bittet Dich, sie von ihm zu befreien, was thäst Du?

Rud. Ich? — Donnerwetter! Der Kerl müßte mir vor die Fuchtel!

Rosi. So thu' das, was Du für die Baroness' thun wollt'st, doch auch für dein' arme Schwester!

Adr. (furchtsam zurückspringend). Fuchtel?! — Ich bin kein Soldat! ich fordere eine civile Behandlung!

Rud. (zu Adrian). So sag' ich Dir auf gut bürgerlich: Ein Mann, der weiß, daß ihn ein Mädel nit leiden kann, und sie doch zur Frau begehrt, ist entweder ein schlechter oder ein dummer Kerl, und keinen von den Beiden möcht' ich meine Zustimmung geben!

Knettm. (beleidigt). Zum Glück kommt's da, wo wir, die Väter, einig sein, auf deine Zustimmung nicht an!

Weißb. (eine vornehmere Haltung annehmend). Bitte sehr! bitte sehr! Mein Herr Sohn hat mir so viele Freud' gemacht, daß auch ich nichts thun werd', was ihn verdrießen könnt'! — Ihr dürft also keine solche Sprache mit ihm führen!

Knettm. (gereizter). Aber ich soll mein' Bub'n weh' thun lassen! Ich soll mich um mein Sohn nicht so gut annehmen, wie Ihr um den enrigen?

Weißb. Es ist ein Unterschied zwischen Sohn und Sohn!

Knettm. Ach was! Euer Sohn ist Lieutenant — allen Respect! aber mein Sohn — —

Weißb. Ist Jodel — verhalt sich also zu meinem Sohn g'rad so wie ein' Backschüssel zu einem gold'nen Porte-épée!

Knettm. Hört's! Ihr tragts auf einmal die Nasen g'waltig hoch!

Weißb. Weil sie mir von heute an auch nach etwas Höherem steht! Verstanden?

Knettm. Ihr thut's ja g'rad, als ob mein Sohn sich's zu einer ungeheuren Ehr' anrechnen müßt, in eure Familie hineinz'heiraten!

Weißb. Jedenfalls ist's für euren Sohn mehr Ehre, wenn er in uns're, als für meine Tochter, wenn sie in eure Familie hineinheirat' — sie findet in eurer Familie keinen Officier — da ist's Heiraten gar ka Freud'!

Knettm. (herausplatzend). So laßt's eure Tochter a Soldatendirn werden!

Weißb. (in höchster Entrüstung einen Satz zurückmachend). Soldaten — dirn — meine Tochter — die Officiersschwester! — Ich weiß nicht, was ich thu'! (Ballt die Fäuste.)

Rud. (leise zu Weißberger). Kommt nicht in Zorn, lieber Vater! Laßt Euch nicht hinreißen, Roheit mit Roheit zu erwidern!

Weißb. (leise zu Rudolf). Hast Recht, Lieutenant! Er soll merken, daß ich einen Sohn hab', der in die Salöne kommt! (Laut zu Knettmann.) Verdankt es meiner feineren Bildung, daß ich Euch auf eure Red' keine Grobheit sag' — Ihr ordinärer Taigpatzen!

Knettm. (wüthend). Was? Ihr gebt mir Titeln?

Weißb. Taxfrei! und somit Schluß der Debatte! Ich glaub', Ihr könnt' jetzt wissen, wie eure Angelegenheit steht!

Knettm. So? Also aus? aus?

Weißb. Aus! rein aus! Die Conferenz geht auseinander!

Rosi (eilt zu Weißberger). Vater, lieber Vater! Ihr wißt nicht, wie glücklich Ihr mich macht! Wie soll ich Euch danken?

Weißb. Bedank' Dich bei dein' Bruder — was ich gethan hab', hab' ich aus Rücksicht für seine jetzige Stellung gethan, ich darf ihm jetzt keine ignoble Verwandtschaft anhängen — Du sollst auch etwas Vornehmeres erhalten.

Adr. (boshaft). Ja, ein' Cavalier mit der Patrontaschen auf'm Buckel!

Neunte Scene.

Vorige. Anton.

Ant. (kommt, ohne Feuergewehr, vom Hintergrunde rechts, bleibt aber, die Anwesenden bemerkend, anfangs in einiger Entfernung stehen, dem Gespräche zuhörend).

Weißb. (entrüstet zu Adrian). Schon wieder! Patrontaschen! Ha! auf was will der Bursch sticheln?

Rosi (rasch zu Weißberger). Ich bitt' Euch, hört ihn gar nicht an — was der z'sammredt —

Adr. Ist d'Wahrheit! (Zu Rosi.) Ha! warum hast denn, seit dem der Tonl fort war, alleweil g'seufzt und g'weint und —

Ant. (freudig bewegt, für sich). Gott! was hör' ich?

Weißb. Was? Der Tonl — der Halterbursch, der jetzt als G'freiter z'ruckkommen ist? (Zu Rudolf.) Ich bitt' Dich — schlag' ihn — (auf Adrian zeigend) nieder, Du hast ein' Sabel! So eine Zumuthung!

Rud. (blickt Rosi an). Rosi! Was hast Du — Du wirst ja mit einem Mal über und über roth —?

Rosi (fast weinend). Aus Zorn —

Adr. Ja, 's gift's, daß ich ihr G'heimniß verrathen hab', sie ist bis über die Ohren verliebt in Tonl —

Ant. (kann sich nicht mehr beherrschen und eilt vorwärts, feuriger). Jungfer Rosi!

Rosi (erschreckt). Um Gottes willen! er hat's g'hört — (Verhüllt ihre Augen mit der Schürze.)

Weißb. (Anton betrachtend). Alle Teufel — die Blick! (Zu Rudolf.) Ich bitt' Dich, commandire ihm: „Rechts g'schaut," wenn mein' Tochter links steht — und: „Links g'schaut," wenn sie rechts steht, dann kann er kein Aug' auf sie hab'n!

Ant. Jungfer Rosi! Nur ein Wort! (Will zu ihr.)

Rosi. Fort! fort! (Will entfliehen.)

Rud. (hält Rosi an der Hand zurück, zu Anton laut). Halt!

Ant. (sich besinnend, bleibt stehen und salutirt). Herr Lieutenant!

Rud. (führt Rosi etwas bei Seite, leise zu ihr). Rosi! hab' Vertrauen zu mir, sag' mir, ist wirklich der — (auf Anton zeigend) —

Weißb. (ist Rudolf gefolgt, leise zu ihm). Nein, nein — es kann — es darf nicht sein! Du bist Officier — Du strebst nach einer Baronischen, und sie — deine Schwester — sollt' sich so weit vergessen, einem so gemeinen Menschen wie ein Gefreiter —

Rud. (ernst zu Weißberger). Vater, vergeßt nicht, daß auch ich zuerst das, was er jetzt ist, hab' sein müssen!

Weißb. Du warst im Krieg, das ist das rechte Klima für Soldaten — da schießen's in d'Höh — aber so ein Soldat im Frieden —

Rud. Verdient, wenn er ein braver Mann ist, dieselbe Achtung! (Sich wieder zu Rosi wendend, noch leiser.) Und, liebe Schwester! schäme Dich nicht — sag' mir — (Man hört plötzlich vom Hintergrunde her eine lärmende türkische Musik.)

Knettm., Adr., Weißb. (sich überrascht umsehend). Was ist das?

Adr. Ah! die Künstler halten ihren Einzug!

Rosi (für sich). Gott sei Dank, ich bin von der Pein erlöst! (Macht sich von Rudolf los.) Laß mich schauen — ah da! da kommen's her — (Blickt gegen den Hintergrund.)

Zehnte Scene.

Vorige. Dorfbewohner beiderlei Geschlechts. Robert. Der Zug der Acrobaten-Gesellschaft. Eine Musikbande.

Dorfb. (eilen von beiden Seiten des Vordergrundes neugierig herbei).

Rob. (in einer rothen, mit Goldstickerei überladenen Uniform, sprengt mit noch Einigen seiner Bande, welche gleichfalls im phantastischen Costüme sind, zuerst zu Pferde vom Hintergrunde hervor, sitzt in der Mitte der Bühne ab, und schreitet mit stolzer Haltung mehr vorwärts.)

Acrob.-Gesellsch. (voraus eine costumirte Musikbande, dann Zigeuner in der Tracht von Arabern zu Pferde, zuletzt die übrigen Mitglieder, sämmtlich im buntschillernden Costume, einige Clowns unter denselben kommen die Anhöhe herab und bewegen sich unter fortwährender Musik nach dem Vordergrunde).

Rud. (blickt Rosi kopfschüttelnd nach, dann zu Anton tretend, herzlich). Nun, hast Du mir nichts anzuvertrauen?

Ant. (noch immer in militärischer Haltung). Herr Lieutenant!

Rud. (lächelnd). Ah was! seh' jetzt in mir nicht den Lieutenant! (schnallt seinen Säbel ab und hängt ihn über die Lehne eines Stuhles), sondern deinen Spielcamerad auf der Haid und im Feld, der Dich herzlich grüßt! (Hält ihm die Hand hin.)

Ant. (einschlagend). Rudolf! Du bist so gut —

Weißb. (es bemerkend, erstaunt). Aber Rudolf, ich begreif' Dich nicht! mit dem thust Du so cordial — und (auf Robert weisend, welcher indeß abgestiegen und näher gekommen ist) mit dem warst so grob! schau ihn nur jetzt an — die prächtige Uniform!

Rud. Was prächtig! Eine Uniform soll ein Ehrenkleid sein, das wird sie aber nicht durch das, was darauf gestickt ist, sondern durch den, der darin steckt! Jetzt seht Euch nur zuerst all' die goldgestickten Hannswurst-Gewänder an, und dann (auf Antons Waffenrock zeigend) so ein' einfacher Waffenrock und sagt selber, welches Kleid verdient eher Ehrenkleid zu heißen?

(Während dem ist der Zug ganz herabgekommen und hat sich in der Mitte der Bühne zu einer Gruppe formirt, deren Mittelpunct Robert, in martialischer Haltung eine Fahne schwingend, bildet.)

(Der Vorhang fällt.)

Zweiter Act.

(Im Dorfe; — rechts ein niederes Haus mit der Aufschrift „Schulhaus", vor demselben ein Tisch und einige Stühle — links ein ärmliches Bauernhäuschen, aus dessen Dachluke eine Stange mit daranhängendem Tannenbüschel gesteckt ist; vor demselben ebenfalls ein Tisch mit zwei Bänken und einigen Stühlen, gegen rückwärts zu ein Gartenbeet mit Gemüse bepflanzt. Im Hintergrunde zwischen eingezäumten Gärten einzelne Bauernhäuser.)

Erste Scene.

Bracker. Elise.

Elise (steht mitten im Gemüsenbeete, sich mit dem Ausnehmen einiger Krautköpfe beschäftigend).

Brack. (tritt eben aus dem Schulhause, das Batzenferl unter dem Arm und an den Fingern Verse scandirend).

Es versammeln sich die Gäste
Zu dem hohen Geburtsfeste

Elise (hört zu arbeiten auf, beide Arme in die Seite stemmend). Da hat man's! er denkt schon wieder an nichts, als an seine Reim'! (Vortretend.) Aber Sebastian!

Brack. Ah, Schwester, guten Morgen!

Elis. Guten Morgen? als wann unsereins jemals einen guten Morgen hätt'! Bei uns reimt sich auf „Morgen" nur „Sorgen".

Brack. (seufzend). Und Borgen!

Elise. Ja, schuldig sein wir schon g'nug — aber von was zahlen, wenn Du ewig nichts thust, als Sylben zählen!

Brack. Ein armer Dorfschullehrer hat leider nichts Anderes zu zählen!

Elise. Daß wir z'Grund gehen müssen, das — kannst Dir auf den Fingern abzählen! Wie mein Mann gestorben ist, hast mir antragen, daß wir gemeinschaftliche Wirthschaft halten sollen — ich bin d'rauf eingangen, aber ich seh', daß d'Wirthschaft auch eingeht! Du verdienst nichts — ich kann mei klein's Weingartel nicht mehr ordentlich bearbeiten lassen, und d'rum gibt's nur wenig und sauern Wein — seit acht Tagen hab' ich ausg'steckt — aber 's kommt ka Mensch — woher soll ich Steuer und Abgaben zahlen? Und dazu haben's mir jetzt noch ein Mann in's Quartier g'legt! — Ja, wohin denn mit der Welt?

Brack. Ein alter Trostspruch sagt:

„Verzage nicht, o frommer Christ,
Bevor Du nicht gehangen bist."

und darum verzage auch Du nicht! Ich arbeite jetzt eben an einem Gelegenheitsgedichte!

Elise. Was ist das?

Brack. Nun, wenn ein armer Teufel eine Gelegenheit findet, für seine Verse ein paar Gulden zu verdienen, so nennt man das ein „Gelegenheitsgedicht". Und so will ich denn heute noch zur Geburtsfeier des Herrn Barons ein Carmen verfassen — das gelingt mir aber in der Stube nicht — ich muß fort —

Elise. Was? jetzt fort! 's werden ja gleich die Kinder in d'Schul kommen —

Brack. Die mußt Du so lang' beschäftigen, bis ich zurückkomme!

Elise. Was? ich? — die wilden Buben? — kann ich die g'wältigen?

Brack. (ihr das Batzenferl reichend). Ich übergebe Dir hiermit das Abzeichen meiner höchsten Gewalt, die ultima ratio paedagogorum! — Ich kann nicht weilen — ich fühle — der Gott rührt sich in mir — ich muß dichten! (Im Abgehen wieder scandirend.)

Sieh', es nahen sich die Gäste
Zu dem hohen rc. rc. (Ab.)

Elise (will ihn zurückhalten). Aber so bleib' doch — Bruder, hör'! — (Nachdem er fort ist.) Er ist nicht zum derhalten! (Ihn imitirend.) „Der Gott rührt sich in mir!“ ja 's wird schier der Hunger sein, der sich rührt! — Und ich soll kochen für ein' fremden Menschen, derweil wir selber nichts Recht's z'essen haben — arbeiten soll ich, und den Schulg'hilfen auch noch machen?! — (Wirft das Batzenferl heftig auf den Tisch.) Herrgott, ich hab' schon ein' Graut in mir, daß ich d'Welt in Fransen zerreißen könnt!

Zweite Scene.

Elise. Anton. Stramm. Horner.

Ant. (nur mit dem Seitengewehr bewaffnet, im Zwilchkittel, die Lagermütze auf dem Kopfe, tritt aus dem Hintergrunde rechts auf).

Horner u. Stramm (ebenfalls im Zwilchkittel, ohne Waffen; ersterer einen Einkaufkorb am Arme tragend, folgen).

Ant. (zu Elisen). Grüß' Gott — Hausfrau!

Elise (unwillig). Auch so viel! (Für sich.) Ich wollt', daß Euch alle —

Ant. Wir haben just für unser Mittagessen gesorgt —

Elise. Das brauch' ich nicht! (Mehr für sich.) Denn wenn ich so ein' Quartiersmann seh', hab' ich eh' schon g'gessen!

Ant. (nimmt aus Horner's Korb ein Stück rohes Fleisch und reicht es Elisen). Da ist meine Portion Rindfleisch —

Elise. Noch ung'sotten! — (Für sich.) Solche Roheiten muß man hinnehmen! (Reißt Anton das Fleisch beinahe aus der Hand.) Gebt's den Brocken her!

Horner (beleidigt). Na, hör' die Frau!

Ant. (zu Horner leise). Laß't nur! Ich weiß eh', daß mich just nicht 's beste Quartier troffen hat — aber 's wird wohl nicht lang' dauern! Schaut's nur, daß Ihr auch mit eure Hausleut' gut d'raus kommt's! und wann's in ein Wirthshaus gehen wollt's, kommt's daher, daß wir hübsch unter uns sein! Na, jetzt geht's nur!

Horner u. Stram (ab nach links).

Ant. (legt das Seitengewehr ab, zieht eine kurze Pfeife und einen Tabaksbeutel aus der Tasche, stopft sich die Pfeife — dann sich umsehend). Liebe Hausfrau — habt's kein Feuerzeug bei der Hand?

Elise (welche indeß einige Stücke Holz zusammengelesen und sich angeschickt hat, dieselben auf einem vor dem Hause befindlichen Hackstocke zu verkleinern, mürrisch). Ich hab' meine Zündhölzl nicht für Euch! Schau! Was der nicht noch Alles wollt'!

Ant. Na, mir steht's Bitten frei, und Euch's Versagen! (Sucht in den Taschen.) Hab' denn ich nicht? — Ah richtig! da hab' ich ja mein Zeug! (Zieht Stein, Schwamm und Stahl hervor, schlägt sich Feuer und brennt die Pfeife an.)

Elise (hustend). Pfuh! — der Tabaksg'stank!

Ant. Ja, lieb's Frauerl! Kein' Knaster fassen wir halt nicht!

Elise. Ich seh' aber gar nicht ein, zu was man sich so ein' Untugend ang'wöhnen muß! (Hat dabei eine Tabaksdose hervorgezogen und schnupft.)

Ant. (lächelnd). Na! schmeckt Euch die Pries — seht's, so schmeckt mir halt mein Pfeiferl!

Elise (das Holz klein machend). Ich hab' ka Zeit, mit Euch z'discurir'n — ich hab' z'arbeiten, und Ihr macht's mir noch mehr Arbeit! wegen Euch muß ich zum Kochen schauen —

Ant. Aber das müßt's ja doch ohnedem für Euch selber!

Elise. Ja — versteht sich! Glaubt's, wir haben's so gut, daß wir alle Tag a Rindfleisch haben könnten? — für uns brauchen d'Fasttag gar nicht im Kalender z'steh'n, die finden sich von selber — ein' Tag Erdäpfel, — am andern a paar Knödel — da bin ich mit der Kocherei bald fertig — aber für so ein' Herrn Soldaten muß ma a Supperl sieden — muß Zeit versäumen, — Holz verbrennen —

Ant. Aber Ihr kriegt's doch dafür ein' Entschädigung.

Elise. Na ja, die paar Kreuzer! die reichen kaum für's Salz, was man dazugeben muß, und d'rum sag' ich Euch gleich, bild'ts Euch ja nicht ein, daß ich Euch noch a Zuspeis zum Fleisch geb', oder was in d'Suppen, — ich thu' weiter nichts, als was mei verfluchte Schuldigkeit ist — ich hab' Euch a ganz frisch's Bett g'richt —

Ant. Ja, ganz frisch. (Für sich.) Ich hab's g'spürt; das Bett muß erst frisch g'schottert worden sein!

Elise. Und euer Fleisch sied' ich Euch! Punctum!

Ant. Ich verlang' auch nicht mehr. (Für sich.) Das Weib hat halt selber nichts z'beißen, und g'rad das macht's so bissig. — Aber ich bin noch überall gut daraus kommen, ich werd' doch die Alte auch noch heimlicher machen. (Näher zu Elise tretend, laut.) Schaut's, mir ist leid, daß ich Euch Ungelegenheiten machen muß. —

Elise (noch immer verdrüßlich). Ich weiß's, daß Ihr nicht daran Schuld seid's und — wenn ich noch jünger wär'; machet ich mir auch nichts daraus. —

Ant. (für sich). Jetzt werd' ich's gleich haben! (Laut.) Na, na! in eurem Alter! wie alt könnt's denn sein?

Elise (hört zu arbeiten auf). Na, wie hoch schätz'st mich denn?

Ant. Na, ich denk', so a bißl über die Dreißig!

Elise (freundlicher werdend). Jetzt geht's! foppen gilt nicht!

Ant. (für sich). Ich hab's schon! (Laut.) Nein, nein, meiner Seel' und Gott! ich schwöret darauf, Ihr seid's über die Dreißig — (Für sich.) Aber wie weit d'rüber, das sag' ich nicht.

Elise. Ich hab' schon die Vierziger! —

Ant. (sich erstaunt stellend). Die Vierziger? Davon sieht man in eurem G'sicht gar ka Spur!

Elise (geschmeichelt). Na, erhalten hab' ich mich schon, aber in die Kräften spür' ich's doch — und die viele Arbeit. (Will wieder zum Hackstock.)

Ant. Wenn ich Euch helfen kann, recht gern'! (Will ihr die Axt aus der Hand nehmen.)

Elise. Na, warum nicht gar! — Ihr werd'ts doch nicht —

Ant. Ah was! wann man so auf'n Dorf im Quartier liegt, wird ein' die Zeit eh lang, und wann ich so ein' lieben Weiberl a Last abnehmen kann, bin ich glei dabei. (Nimmt die Axt und beginnt das Holz zu spalten.)

Elise (für sich). Schau, ist erst a guter Bursch' — hat doch a Lebensart! (Ihm zusehend.) Und wie flink als ihm von der Hand geht! — (Laut, freundlich.) Na — ich geh' derweil in d'Kuchel — soll ich Euch a paar Erdäpfel in d'Suppen geben oder a Happel Kraut?

Ant. Was euer guter Willen ist, aber thut's Euch wegen mir nicht weh'.

Elise (indem sie das klein gemachte Holz zusammenrafft). Ah, man hat auch ein Herz im Leib, und a Soldat ist ja auch a Mensch, und wann a Soldat noch dazu so a lieber Mensch ist — hi, hi, hi! meiner Treu, wann ich nicht so ein übertragenes Weib wär', könnt's g'scheh'n, daß ich heut' d'Suppen versalzet!

Ant. (in den Scherz eingehend). Und ich, wenn ich jetzt in Feindesland wär' —

Elise. Na?

Ant. So könnt's geschehen, daß ich von dem Recht des Eroberers Gebrauch machet — (Thut, als ob er sie umarmen wollte.)

Elise (sich ihm lachend entziehend). Geht's, geht's! Ihr seid's a rechter Vocativus! (Im Abgehen, für sich.) Schau! — mit dem wär' auch als Feind gut d'rausz'kommen! (Nickt ihm nochmals freundlich zu und geht dann in ihr Haus.)

Ant. (allein). Ha, ha! Im Frieden muß man 's Kriegführen studieren, und so hab' ich's — halt jetzt auch probirt, die alte Festung einz'nehmen! Na ja — man will doch nicht den ganzen Tag a z'wideres G'sicht sehen, und wegen der (gegen das Haus weisend) wurd' die Rosi doch nicht eifersüchtig sein! (Sich gleichsam selbst verspottend.) Die Rosi — eifersüchtig — auf mich! 's ist ein Unsinn, so was z'denken, aber — ich denk's halt doch, — 's thut ein'm in meiner Lage so wohl, wenn man sich selber foppen kann! — Ich könnt' den ganzen Tag so fortträumen, aber wozu führet's? (Sich ermannend.) Lieber an die Arbeit! Ich muß noch mei' Montur und Rüstung putzen — gestern bin ich nicht mehr dazukommen! Ich werd's da heraußen thun, damit ich der Quartierfrau kein Staub in der Stuben mach'! (Ab in's Haus.)

Dritte Scene.

Hanns. Pepi. Natzi. Mehrere andere Schulknaben. Gleich darauf Anton.

Hanns, Pepi und Natzi (kommen, Bücher, Schreibtheken und Rechentafeln, theils unter dem Arm, theils in den Schultaschen tragend, lärmend, und sich unter einander balgend, vom Hintergrunde rechts).

Hanns (den Schreienden zurufend). Seid's stad! Wir sind schon beim Schulhaus!

Pepi. Ah was! Ich hab'n Schulmeister noch d'raust auf'n Feldweg g'seh'n — die Katz' ist aus'm Haus! (Wirft sein Schulzeug muthwillig in die Höhe.) Juhe!

Alle Andern (ebenfalls jubelnd). Juhe! Heut' ist ka Schul! Juchhe! (Springen umher.)

Ant. (tritt wieder aus dem Hause, seinen Tornister in der einen, sein Gewehr und seinen Czako in der andern Hand tragend, er legt Alles auf den Tisch). So, jetzt noch das Putzzeug. (Geht wieder in's Haus zurück.)

Die Knaben (sind bei Antons Erscheinen sogleich ruhig geworden, leise unter sich). A Soldat!

Hanns (nachdem Anton wieder abgegangen). Dort hat er sein G'wehr hing'stellt. (Will zum Tische.)

Pepi (ihn zurückhaltend). Nicht anrühren! — 's könnt losgeh'n!

Hanns. Nein — nur anschau'n. (Schleicht sich zum Tische und besieht neugierig das Gewehr.) Du, Pepi! wenn ich so a G'wehr hätt' — und so ein Czako! (Nimmt den Czako in die Hand.)

Pepi. Lass'n liegen!

Hanns. Na, der Czako wird doch nicht losgeh'n? —

Pepi. Von ein Soldaten kann Alles losgeh'n!

Hanns. Bist a Hasenfuß! — Da — schaut's mich an! (Setzt den Czako auf.)

Pepi. Hahaha! Schaust g'rad so aus wie a Maus in ein Laib Käs!

Ant. (tritt wieder aus dem Hause, Bürste und anderes Putzzeug in der Hand tragend, bleibt in der Thür stehen, und sieht lächelnd den Kindern zu).

Hanns (zu Pepi). Ah! mein Kopf würd' schon in den Czako hineinwachsen! (Nimmt sein Lineal statt eines Säbels.) Habt Acht! G'wehr aus!

Pepi und Natzi (erblicken Anton, ängstlich zu Hanns). Er ist da!

Hanns (sieht sich nach Anton um, erschreckt) O mein Gott! (Legt schnell den Czako ab, und will sich mit den andern Knaben auf die andere Seite flüchten.)

Ant. (vorwärts kommend, gutmüthig). Na, na, Bub'n! fürcht's Euch nicht! Ich thu' Euch nichts! (Die Knaben halten sich noch immer scheu zurück.)

Ant. Wer von Euch will a Stückl Commißbrod kosten? (Nimmt aus seinem Brotsacke einen halben Laib Brod und ein Messer, und beginnt Stücke abzuschneiden).

Hanns (kommt zuerst etwas näher). Ich bitt'!

Ant. Na da! (Gibt ihm ein Stück Brod.)

Die andern Kinder (kommen ebenfalls näher). Bitt' ich!

Ant. (schneidet ihnen ebenfalls Brod ab). Da nehmt's — schmeckt's Euch?

Die Knaben. Ah ja! (Essen gierig.)

Ant. (für sich). So ist der Mensch! Alles schmeckt ihm, so lange er es nicht essen muß! (Zu Natzi.) Sag' mir einmal, Kleiner, was willst denn Du einmal werden?

Natzi. Nichts. —

Ant. Aber von was willst Du denn leben?

Natzi. Vom Geld!

Ant. Aber wenn Du nichts bist, woher willst denn a Geld krieg'n?

Natzi. Ich laß mich pensioniren!

Ant. Hahaha! (Für sich.) Der Bub red't fast wie ein Alter. (Zu Pepi.) Na und Du! Lernst Du schon brav?

Pepi. Nein! der Vater schickt mich nur in d'Schul, damit ich sitzen lern', wenn ich das kann, dann lern' ich erst lesen und schreiben!

Ant. So! Ich mein, wann Du zuerst recht fest schreiben könnt'st, nachher findet sich's Sitzen vielleicht von selber! (Zu Hanns.) Na und Du, kleiner Blasengel, was möcht'st denn Du einmal werden?

Hanns (couragirt). Ich — ich werd' a Soldat!

Ant. Saperlot! — Na, jetzt kann Deutschland ruhig sein. — Laß Dich einmal anschau'n! (Commandirt.) Richt Euch!

Hanns (steht kerzengerade und zieht die Hände stramm an den Leib).

Ant. Schau, schau! gar nicht übel! (Richtet ihn.) Nur noch den Kopf mehr in d'Höh', und die Brust heraus! — So! Jetzt probir' einmal 's Marschiren! — Wann ich sag: »Marsch!« stell' den linken Fuß zuerst voraus. — Gib Acht! »Marsch!«

Hanns (setzt den linken Fuß weit voraus, bleibt aber dann mit ausgespreizten Beinen stehen).

Ant. Na — jetzt den rechten nach! Das links Austreten bringt nichts vorwärts, wenn man rechts zurückbleibt! Also weiter: Eins — zwei — Eins — zwei — (Stellt sich neben Hanns und marschirt mit ihm.) So, 's geht ja! — Halt!

Hanns (bleibt gerade stehen).

Ant. Gut ist's g'gangen! Bist ja ein Mordkerl!

Hanns. O, wann ich nur ein G'wehr hätt'!

Ant. A G'wehr — hm! — 's meinige ist Dir z'schwer, — aber (sieht sich um und erblickt einen am Hause lehnenden Ruthenbesen) ah da! (Nimmt den Besen und reicht ihn Hanns.) Da nimm! denk' Dir halt, es wär' a G'wehr!

Hanns. Der Besen?

Ant. Warum denn nicht? O, a guter Besen ist auch a Waffen, wenn man den recht gebrauchen wollt', könnt' man das Vaterland von einer Menge innerer Feinde befreien, gegen die man kein G'wehr anwendet, weil's eh' kein Schuß Pulver werth sein! (Zu Hanns.) Also halt ihn nur g'rad! (Zeigt es ihm.) Siehst — so! (Nimmt sein eigenes Gewehr zur Hand und stellt sich vor Hanns.) Mach' mir nur Alles nach! Jetzt sag' ich: »Präsentirt!« (Präsentirt sein Gewehr.) Eins — zwei! Präsentirt!

Hanns (ahmt es ziemlich gut nach).

Ant. Na, 's geht ja! (Richtet den Besen.) Nur mehr gerad', gib Acht! Nach dem »Präsentirt!« kommt »Schultert« (zeigt es ihm) hast g'sehen?

Hanns (sich nun selbst commandirend). Schultert! (Thut es genau nach dem Tempo.)

Ant. (erfreut). Famos! — Kleiner Kravat! Du bist ja ein lieber Kerl! (Hebt ihn auf und küßt ihn, dann für sich.) Herr Gott, wenn ich so ein Bub'n hätt': der mir g'höret! — aber nein — für mich allein wollt' ich ihn nicht haben, mir und der Rosi sollt' er miteinander g'hören!

Hanns (bittend). Noch exerlieren!

Die andern Knaben (den Anton ebenfalls umdrängend). Wir auch! – wir auch! Bitt' – a G'wehr!

Ant. (für sich). Jetzt wollen's auf einmal Alle G'wehr haben! — Und 's ist halt mit der Volksbewaffnung so a Sach! — Aber sie wollen's ja nur zur Spielerei — und ich kann den klein' Kerls nichts abschlagen! (Laut zu den Knaben.) Na — gut; Ihr sollt's Soldatenspielen dürfen, aber schön ruhig müßt's hernach sein!

Alle Knaben. Ja, ja, wir werden brav sein!

Ant. So stellt's Euch vor der Hand in in Reih und Glied. (Ordnet sie in zwei Reihen.) Den da (auf Hanns weisend) — der ist schon ein gedienter Mann, den mach' ich zu Eurem Feldwebel! (Stellt ihn an die Spitze.) So! und jetzt, Cameraden! marschiren wir dorthin (nach rechts weisend) zum Bach — dort hab' ich Haselstauden g'sehen, aus denen will ich für Euch Alle Stecken schneiden!

Die Knaben. Stecken kriegen wir! Juhe!

Ant. Ruhig in der Front! Acht geben auf's Commando! — Halb rechts!

Die Knaben (wenden sich zum Theile noch ungeschickt).

Ant. (sie drehend). Da ist rechts! So! Jetzt Alle z'gleich links auftreten!

Die Knaben (marschiren in gleichem Schritte nach rechts ab.)

Ant. (während die Kinder an ihm vorübergehen, für sich). Ich bin im Grund a recht a närrischer Kerl — spiel' da mit den klein'n Bub'n, als ob ich selber noch einer wär'! Ah was! ich denk', der taugt nicht, Kindern was z'lehren, der nicht mitunter selber zum Kind — werden kann! (Legt den Tornister und Czako wieder bei der Thür in das Haus hinein und folgt dann den Kindern.)

Vierte Scene.

Adrian. Jacob. Mehrere Bauernbursche. Robert. Dann Elise.

Adr. (dem man es ansieht, daß er bereits vom Weingenusse aufgeregt ist, kommt mit Jacob und den andern Burschen vom Hintergrunde links). Jetzt geh'n wir daher! — Bei allen andern Staugenwirthen im Ort war ich schon, hab' überall mein Leid vertrinken wollen — 's greift nichts an! — Aber da — (auf das Bauernhaus zeigend) da schenken's ein echten Darmreißer — vielleicht beißt mir der mei' unsinnige Lieb' aus'm Herz heraus! — Kommt's! setzen wir uns! (Setzt sich auf eine Bank an dem Tisch vor dem Bauernhause.)

Jacob und die Bursche (setzen sich).

Adr. (schlägt auf den Tisch und ruft). Heda! Wein h'raus! (Zu Robert.) Na, Herr Principal! setzen's Ihnen nit zu uns?

Rob. (welcher mit den Burschen gekommen, aber etwas abseits, sie beobachtend, stehen geblieben ist). Werd' gleich die Ehr' haben. (Für sich.) Es sein Soldaten im Ort — sollen noch mehr kommen — darum heißt's auf die Stimmung im Volk so einwirken, daß es mit der bewaffneten Macht keine Allianee schließt!

Fünfte Scene.

Vorige. Elise.

Elise (tritt mit mehreren Krügen aus dem Hause, für sich). Ja, heut' sein gar Gäst' da! (Setzt die Krüge auf den Tisch.) So — da ist der Wein! wann's noch was braucht's, klopft's nur an's Fenster — ich hab' heut' viel in der Kuchel z'thun —

Adr. So! gibt d'Frau vielleicht heut' große Tafel?

Elise. Ja, bei uns tafelt sich was! — aber 's liegt ja der G'freite bei mir im Quartier!

Adr. (vom Sitze auffahrend). Der G'freite — der Tonl? —

Rob. (für sich). Ah! das gibt ein' ganz guten Anknüpfungspunct! (Geht zum Tische und setzt sich ebenfalls. laut zu Elise.) Na, laß sich d'Frau nicht aufhalten! So ein gnädiger Herr Soldat will tractirt sein — brat's — backt's —

Elise. Ich wußt' nicht, mit was? Ich hab' nicht einmal a Stückel Schmalz z'Haus!

Rob. Was braucht's Butter und Schmalz, wir können's ja auf a andere Art tractiren. Warum sollt's Ihr die Herrn Soldaten nicht auszeichnen, wenn's bei Euch im Quartier liegen? Freilich fischen's Euch dafür eure Madeln weg —

Adr. Wahr ist's — hol' mich der Teufel! Wahr ist's! O Rosel — Rosel!

Rob. O Rosel — Rosel! Ist das Alles? — Weinen könnt's wie ein kleiner Bub', aber sich wehren wie ein Mann, das versteht's nicht. —

Adr. Was? Ich wär' kein Mann? — Ich will mich wehren, um d'Rosel rauf' ich mit'n Teufel.

Rob. Ja versteht sich mit'n Teufel, aber nicht mit ein' Soldaten; Ihr guscht's Euch ja Alle, wann's ein Bajonett blitzen seht's.

Jac. I nit! — mein Lebtag nicht!

Die Uebrigen. Und wir a nit! — wir a nit! (Erheben sich tumultuarisch.) Ha! uns soll einer kommen.

Jac. (sieht in die Scene rechts). Ha! — da kommt Einer!

Adr. (auffahrend). Wo? — wo? (Ebenfalls hinsehend). Ha! er ist's — der Tonl! (Zu den Burschen.) Buam! — Ich bin jetzt in einer Rage, daß ich ruhig zuschauen könnt', wenn den einer ordentlich durchwalket.

Rob. Ha! schaden könnt's nicht, wann Ihr zeiget, daß Euch vor sein Bratspieß nicht fürcht's!

Alle Bursche. Ja, ja — das wollen wir dem Soldaten zeigen.

Jac. (zu den Uebrigen). Ha! 's braucht nur ein' Anlaß! (Zu Adrian.) Weißt was, Du mußt mit ihm anbandeln —

Adr. Ja, das will ich schon — aber wann's zu was kommt —

Jac. Nachher sein wir da — Alle für Ein'!

Adr. Nachher ist's recht! — da stell' ich mein' Mann! O, 's muß heut' noch zu ein' festen G'rauf kommen! Laßt's mich nur machen! (Sieht den Cameraden entgegen.)

Rob. (für sich). D'Kohlen hab' ich in d'Glut bracht — jetzt braucht's nur ein' Luftzug und d'Flammen schlagen in d'Höh'. — Aber ich will nicht dabei g'sehen werden! (Zieht sich unbemerkt in den Hintergrund zurück.)

Elise (ängstlich, für sich). Gott! — das gibt am End' a Spectakel da vor mein' Haus — ich muß nur schauen, daß ich's von einander halt! (Geht Anton entgegen.)

Sechste Scene.

Vorige. Anton, dann Stramm, Horner.

Ant. (kommt vom Hintergrunde rechts, noch in die Scene sehend). So — jetzt sollen's derweil allein manövriren — ich hab' noch nicht g'frühstückt! (Erblickt Elisen, zu dieser.) Ah, Hausfrau, bringt's mir ein' Pfiff Wein — versteht sich für Geld und gut's Wort!

Elise (ängstlich, leise). Ja, ja — aber wollt's es nicht lieber in der Stub'n trinken — denn seht's — da — die Burschen — sie sein heut' so streitig.

Ant. Pah! pah! Ich hab' ja kein' was in Weg g'legt und vertrag' mich mit der ganzen Welt gut. —

Elise (immer ängstlicher). Nein — schaut's! thut's es mir z'Lieb'! — Setzt's Euch wenigstens daher — (Auf den Tisch vor dem Schulhause weisend.)

Ant. Na, wann Euch a G'fallen damit g'schieht — mir ist's all's ein's — und (in die Scene links sehend) da kommen just meine Leut' auch, da hätten wir d'rüben eh kein Platz — bringt's für die auch gleich was z'trinken! (Setzt sich und lehnt sein Gewehr neben sich.)

Elise (im Abgehen für sich). O Himmel! wann nur heut' schon Feierabend wär' — mir ist angst und bang! (Geht in ihr Haus ab.)

Stramm und Horner (nur mit Seitengewehren bewaffnet, kommen von links).

Ant. (sie zu sich winkend). Kommt's her da! ang'schafft hab' ich schon!

Horner und Stramm (setzen sich zu ihm).

Jac. Na, warum setzen sich denn die Herr'n Soldaten nicht zu uns? Sein wir Ihnen vielleicht z'schlecht? Was?

Ant. (ganz ruhig). Ihr seid ja Eurer g'nug an Ein Tisch — und der (auf seinen Tisch weisend) war leer!

Elise (kommt mit Gläsern und stellt sie auf Antons Tisch).

Ant. Wart's! Ich zahl' gleich! (Gibt ihr Geld.)

Elise (wieder besorgt auf die Bursche sehend). Gott! was die für Blick' herüberwerfen! 's kommt richtig zu was! Ich schau, daß ich in mein Haus komm' und sperre die Thür zu — (Eilt rasch in ihr Haus und macht die Thür hinter sich zu.)

Jac. (leise zu Adrian). Na, — Du hast ja g'sagt, Du wirst anhandeln — so thu's, wannst Courage hast!

Adr. (leise). Glei, — glei! — Ich weiß's schon wie! (Steht auf, steckt beide Hände in die Taschen seines Beinkleides, und tritt mit herausforderndem Wesen zu Anton.) Na, was ist's denn, Toni, darf man schon gratuliren? Ist bei Sach' mit der Müller-Rosel schon in Ordnung?

Ant. (auffahrend). Adrian! — (Sich schnell mäßigend.) Red' mit mir von was Du willst, aber laß' den Namen von ein' braven Mäd'l aus'm Spiel!

Adr. Brav's Mädel? Hahaha! Ich hör', sie geht mit Dir als Marketenderin —

Ant. (mit mühsam zurückgehaltenem Zorn). Geh' zu deiner G'sellschaft z'ruck, ich bitt' Dich! —

Adr. (bei dem man die Trunkenheit bereits merkt). Ah! — 's ist wohl a Keckheit, daß ich mich untersteh', mit dem gnädigen Herrn G'freiten. (Macht einen plumpen Kratzfuß.) Bitt' um Verzeihung — ich hab' nicht g'wußt, daß Ew. Gnaden schon vergessen haben, daß einmal bei uns 's Vieh austrieben haben!

Stramm. Na, alles Vieh scheint er aus dem Ort nicht ausgetrieben zu haben!

Ant. (zum Stramm leise). Sei ruhig, Du siehst, in was für ein Zustand er ist! (Wendet Adrian den Rücken zu und spricht mit Stramm fort.)

Adr. Er — er kehrt mir d'awige Seiten zu? — Impertinent! (Zu Anton.) Mich anschauen, wann ich mit Dir red' — (Will Anton an der Schulter gegen sich kehren.)

Horn. (aufspringend und Adrian wegdrängend). Nicht anrühren! rath' ich Dir!

Adr. (zurücktaumelnd und schreiend). Was? Stößen? — Mich stößen?

Jac. (leise zu den Burschen). Jetzt geht's los! (Springt vom Sitze auf und eilt zu den Soldaten.) Was gibt's da? Was ist Euch nicht recht?

Die Bursche (folgen ihm). Ja — das wollen wir wissen!

Stramm. Daß Ihr Eure Betrunkenen nicht bei Euch behalt's!

Jac. (aufbrausend). Wer von uns ist betrunken? Wer? (Zu den Burschen.) Hört's! — Sie schimpfen ein' aus unserer G'sellschaft! Leiden wir das?

Die Bursche. Nein — das lassen wir nicht auf uns sitzen. | Zugleich.

Adr. (hat sich schnell hinter die anderen retirirt). Sacrarion! | Zugleich.

Jac. (zu den Soldaten). Solche Spatzenschrecker fürchten wir noch lang nicht!

Stramm und Horner (von ihren Sitzen auffahrend und nach ihren Seitengewehren greifend). Himmelkreuzdonnerwetter!

Die Bursche. Was? d'Bajonetten? Schlagt's mit die Stühl' und Krügel drein! (Einige langen nach Stühle und Krügen.)

Siebente Scene.

Vorige. — Rudolf.

Rud. (erscheint ganz im Hintergrunde).

Ant. (mit starker Stimme zu Stramm und Horner). Halt! Ihr geht alle Zwei in Euer Quartier.

Stramm. Herr G'freiter —

Ant. Ich befehl's — ich bin jetzt Euer Commandant! Keiner von Euch untersteh' sich, sein Haus früher wieder zu verlassen, als bis ich's erlaub' —

Horn. Aber — —

Ant. (strenge). Subordination! Halb links — Marsch!

Stramm — Horner (richten sich militärisch, salutiren und gehen nach links ab).

Jacob, die Bursche (über Antons Haltung stutzend, unter sich). Er schickt die Andern fort?

Ant. (sein Gewehr zur Hand nehmend). Und Ihr hört mich an! Wann ich jetzt meine Leut' nicht z'rück'g'halten hätt', wir hätten Euch, so wahr Gott im Himmel ist, mit blutigen Schädeln heimg'schickt — aber ich hab' Befehl, jeden Conflict zwischen den Soldaten und der Einwohnerschaft zu verhindern, — deshalb hab' ich die G'meinen fortgeschickt — und steh' allein da, — greift mich jetzt an, — dann bin ich im Fall der Nothwehr und (sein Gewehr zum Ausfalle bereit haltend) werd' mich wehren, wie man sich gegen ein' Räuberanfall wehren muß.

Adr. (verkriecht sich hinter den Tisch ängstlich). Er schießt!

Jac. (etwas verdutzt). Na — na — so war's ja nicht g'meint — —

Ant. (wieder gemäßigter). Das will ich glauben — ich kenn' meine Landsleut!' — Wann ihre Köpf' erhitzt sein, können's wohl ein' tollen, aber niemals einen schlechten Streich ausführen, d'rum will ich auch den ganzen Auftritt vergessen! (Mit dem Kopfe nickend, und sein Gewehr schulternd.) B'hüt Gott! (Geht nach dem Hintergrunde zu — dort Rudolf erblickend und sich richtend.) Herr Lieutenant!

Rud. (leise zu ihm). Bleib'! (Geht weiter vorwärts.)

Jac. (ohne Rudolf zu bemerken, etwas beschämt zu den Burschen) Wir haben ihm doch nicht ankönnen!

Adr. Ai! weil er sich nicht z'raufen traut hat, hat er schöne Wort' g'redt — das ist's Ganze, was er beim Militär g'lernt hat!

Rud. (ganz vortretend). Er hat nach dem Befehl gehandelt, den ihm sein Vorgesetzter gegeben hat, und hat also, während seiner Dienstzeit das gelernt, was so mancher in jahrelangen Universitätsstudium nicht lernt — er hat gehorchen gelernt! — Nehm't Euch an ihm ein Beispiel! Und jetzt — geht!

Jacob, Adrian — die Bursche (ziehen ganz kleinlaut ihre Hüte ab, und entfernen sich nach dem Hintergrunde).

Rud. (zu Anton). Du hast Dich ganz g'scheit benommen! Halt Dich nur eben so bei dem Auftrag, den ich Dir jetzt ertheil! Hör' mich an! Der Baron will an den Festlichkeiten, die während der nächsten Tage im Schloßpark stattfinden, die Bewohner aus der ganzen Ortschaft theilnehmen lassen, — schon jetzt ist der Eintritt allen gestattet. — Die Neugierde treibt eine bunte Menge hinein — deshalb ist eine gewisse Ueberwachung nothwendig; darum wirst Du mit deinen Leuten noch heut' im herrschaftlichen Wirthschaftsgebäude bequartirt. Es soll aber der Anschein vermieden werden, als ob Ihr als Wache dort wäret. — Du wirst also nur in dem Fall', wenn mein Vater, als

Ortsvorstand, Dich dazu auffordert, mit deinen Leuten dienstlich auftreten.

Ant. (noch immer in militärischer Haltung, doch nicht im Stande seine Empfindungen zu verbergen). Also der Herr Bürgermeister wird auch im Schloß sein, und — und — —

Rud. (Anton in's Auge fassend). Ja er — und meine Schwester, wollen auch die Festlichkeiten mit ansehen. —

Ant. (höchst erfreut, für sich). O Gott! sie auch?

Rud. Aber jetzt laß' uns ein vertrauliches Wort mit einander reden.

Ant. (im ungezwungenem Tone). Was hast Du mir also zu sagen?

Rud. Eine ernste Frag' hab' ich an Dich zu stellen, obwohl ich die Antwort beinah' im Voraus weiß! (Seine Hand auf Antons Schulter legend, beinahe mitleidig.) Aufrichtig! Du bist in meine Schwester verliebt?

Ant. Unbändig! (Wieder niedergeschlagen.) Mach' mich jetzt aus, oder lach' mich aus.

Rud. Ich thu' kein's von beiden — im Gegentheil' — ich sag' Dir, 's kommt mir fast so vor, als ob sie Dir auch gut wär'!

Ant. (entzückt). Was! — Wirklich? — O Rudolf! wie selig machst Du mich durch die Mittheilung! — Aber (Rudolf befremdet ansehend) Du schaust so ernsthaft d'rein — bist Du vielleicht dagegen?

Rud. Ich bin nicht gegen eine treue und ehrliche Lieb' — aber Toni! hör' mich an! Ich muß heute noch mit dem General fort — Du bleibst im Schloß' und meine Schwester wird auch öfter dort zu thun haben — Du könntest Gelegenheit finden, mit ihr allein zusammen zu kommen.

Ant. (freudig). Glaubst wirklich? —

Rud. Das soll und darf aber nicht sein! denn die Gelegenheit macht wohl oft einen Helden, aber sie macht auch Diebe!

Ant. Rudolf! Was denkst Du von mir?

Rud. Daß Du ein Mensch — noch dazu ein verliebter Mensch bist, und daß der Teufel immer Teufel bleibt — darum versprich mir mit Handschlag und Ehrenwort, daß Du jede Gelegenheit vermeiden willst, mit meiner Schwester allein zusammen zu kommen — (Hält ihm die Hand hin.)

Ant. (zögert). Du verlangst? — —

Rud. Du b'sinnst Dich? (Schnallt rasch wieder seinen Säbel um; im dienstlichen Tone.) So frag' ich Dich, Gefreiter, als Vorgesetzter, was ist die erste Pflicht eines Soldaten?

Ant. (sich schnell ebenfalls militärisch richtend). Das Vaterland gegen äußere und innere Feinde zu vertheidigen — Leben und Eigenthum seiner Mitbürger zu schützen —

Rud. Recht so! Was ist aber das kostbarste Eigenthum des Bürgers? Sein häuslicher Frieden — seine Ehre! Die muß der echte Soldat schützen auch gegen seine eigenen Beglerden. (Sich etwas abwendend.) Ich hab' geglaubt, Du bist schon ein echter Soldat!

Ant. (überwältigt). Ja, ja — ich bin's! Ich will's auch sein! (Faßt Rudolfs Hand — mit seiner linken, während er seine rechte wie zum Schwure erhebt.) Und darum schwöre ich, mich so zu halten, wie Du verlangt hast.

Rud. (wieder herzlich). Bravo! Das hab' ich von Dir erwartet! Ich seh', beim Militär bist Du erst ein rechter Mann geworden — sag' mir, hast Du Dich denn so leicht in Alles hineingefunden?

Ant. Ach, 's ist nicht so schnell 'gangen! Ich bin mir im Anfang so unglückselig vorkommen — weg von meine Wiesen — weg von dem Ort, wo ich zwar keine Verwandte, aber doch lauter Bekannte g'habt hab' — mitten unter fremden Leuten, und noch dazu als ein so dummer Kerl, wie ich dazumal noch war. — Ich hab' ja dahier im Ort gar nie ein' Unterricht g'nossen, denn die hiesige Gemeinde hat glaubt, sie thut für ein' armen Waisenbuben g'nug, wenn's ihn just nicht verhungern laßt. — Ich war also unter allen Recruten der unanstelligste; beim Exerciren hat der Corporal seine liebe Noth mit mir g'habt, in der Compagnieschul' haben mich meine Cameraden ausg'lacht, weil ich nicht einmal ein'

Buchstaben lesen oder schreiben können hab' — über Alles das bin ich schon so verzagt, so trübselig worden, daß ich einmal — wie ich just in meiner Stuben allein war, schon nach mein G'wehr g'langt hab' und —

Rud. (erschreckt). Um des Himmels willen!

Ant. Nein, nein! erschrick nicht! — Ich hab' mich nicht erschossen, denn ohne daß ich's g'merkt hab', war der Hauptmann eingetreten, reißt mir das G'wehr aus der Hand — und schaut mich nur fest an — und — wie er g'sehen hat, daß mir's Wasser aus den Augen lauft, da — hat er mit mir g'redt, und wie hat er g'redt! Mei Vater, wenn ich noch ein' hätt', könnt' nicht anders reden — von dem Tag ang'fangen hab' ich mir vorg'nommen, für den Hauptmann thu' ich Alles! Und wann mir was nicht recht hat eingeh'n wollen, hab' ich mir denkt: Es muß gehen und (mit Befriedigung) 's ist auch 'gangen! —

Rud. Das seh' ich, sonst hätt' man Dich nicht zur Charge gemacht!

Ant. Man hat mich z'erst zum Menschen g'macht, und wenn ich denk', wie ich einmal war, und wie ich jetzt bin, was ich jetzt weiß und kann, so muß ich's als ein wahres Glück betrachten, daß's mich zum Militär g'nommen haben! O wenn nur unser Regiment in den Krieg 'kommen wär', ich hätt's auch weiter bracht, aber so — (Blickt wieder traurig zu Boden.)

Rud. Na, nur nicht muthlos! Was nicht ist, das kann noch werden! (Herzlich.) Komm her, alter Schwed'! (Zieht ihn lachend an sich und küßt ihn.)

Achte Scene.

Vorige. Weißberger.

Weißb. (kommt vom Hintergrunde links, Rudolf erblickend, für sich). Was seh' ich? Mein Sohn, der Lieutenant, — er küßt den G'freiten — er armt ihn um!

Ant. (ohne Weißberger zu bemerken). Ach Gott! Du sprichst mir Muth zu, aber ich seh' halt doch, daß ich auf die Rosi jede Hoffnung aufgeben muß! —

Weißb. (zuhorchend, für sich). Was red't er? — Rosi — Hoffnung?

Rud. (zu Anton). Das sag' ich nicht! — Du bist noch jung, hast jetzt was gelernt, und wenn Du einmal ausgedient hast —

Weißb. (für sich). Bei mir hat er schon ausgedient!

Rud. Und wenn meine Schwester Dich wirklich liebt —

Weißb. (vorwärtseilend und losplatzend). Dann soll sie der Teufel holen!

Rud. Mein Vater! } (Zugleich.)
Ant. Ihr Vater! }

Weißb. (zu Rudolf). Rudolf! Lieutenant! Ich begreife gar nicht, wie Du in dem Menschen noch Hoffnungen auffüttern kannst? Ein Gefreiter und meine Tochter! — Ha und ihr Bruder ist in eine Baroness' verliebt!

Rud. Vater, hört mich ruhig an!

Weißb. Ich hab' für so was gar keine Ohren! — Ha! mit einem meiner Kinder verfolg' ich die stolzesten Pläne und 's andere soll ich wegwerfen! Kann ein Mensch mit einem Fuß hinauf- und zugleich mit dem andern hinunterkraxeln! Nein! Und darum muß es aus sein! (Zu Anton) Hört's! aus!

Ant. Aber 's hat ja noch nichts ang'fangen!

Weißb. Eben das muß aus sein! — Und um Euch jede Hoffnung zu benehmen, so schwör' ich als Mann, Vater, Müller und Bürgermeister, daß ich meine Tochter nie dem G'freiten geben werd'! Und jetzt (zu Anton strenge) halb rechts! Marsch! (Als Anton noch zögert, ungeduldig.) Na, wird's?

Ant. Der Herr Lieutenant hat mit mir zu reden g'habt — ein Vorgesetzter kann mit mir commandiren, sonst (mit einem gewissen Stolze) Niemand auf der Welt!

Weißb. Was? ich hätt' nichts zu befehlen? Ich — als Bürgermeister? — Ich laß gleich den Wachter holen!

Rud. (leise zu Weißberger). Vater! bedenkt, daß der Anton nicht mehr euer Viehhirt ist!

Weißb. So soll er mich auch nicht in ein'n Viehzorn bringen! — Lieutenant! Ich bitt' Dich, commandir Du! »Marsch zum Teufel!« sonst erlebst noch was!

Rud. (zu Anton). Mach Dich zu deiner Uebersiedlung in's Schloß bereit, und erwarte mich dann dort — ich hab' Dir noch einige Weisungen zu geben!

Ant. Sehr wohl! (Nimmt sein Gewehr, salutirt und geht in's Haus ab.)

Weißb. Nicht einmal die Mützen nimmt er vor mir ab, der grobe Kerl! Aber ich will mich nicht weiter giften — ich hab' Dich aufsuchen wollen, mein Sohn, Lieutenant — ich hab' Dich ja heut' den ganzen Tag noch nicht g'seh'n! —

Rud. Ich bedaure dieß selbst, doch mein Dienst als Adjutant —

Weißb. Na ja, Du steckst ja all'weil bei dein'm General, aber weißt, ich hätt' halt gern g'habt, daß Du mich doch auch in nähere Berührung mit dem Baron bringst — wenn wir schon in Verwandtschaft treten sollen. —

Rud. Aber lieber Vater, das ist ja noch im weiten Felde —

Weißb. Laß mich nur einmal mit dem Baron und der Baroness' reden — ich werd' das auf meine gewohnte feine Weis' einleiten. —

Rud. Heute wird dieß nicht mehr möglich sein — der Baron begleitet den General bis nach dem benachbarten Gute Rodenstein, und will erst morgen Früh zurückkehren. —

Weißb. Ich paß ihn ab — Du bist ja in der Nähe vom General, ehe Ihr also in den Wagen steigt, werd' ich — wie zufällig da sein.

Rud. Und ich werde dort von Euch Abschied nehmen, so ließ es sich wohl machen. — Ich sag' Euch also jetzt nicht Lebewohl, sondern auf Wiedersehen, lieber Vater! (Drückt ihm die Hand und geht nach rechts ab.)

Neunte Scene.

Weißberger (allein).

(Rudolf nachrufend.) B'hüt Dich Gott derweil! — Ja — ich muß eine Baroness' zur Schwiegertochter kriegen und hernach — ha, ha, ha! 's ist fast zu lachen — werd' ich zum Schwiegersohn ein Individuum nehmen, was erst der Uebergang von der Gemeinheit zur Corporalität ist! — Ah — der Hacken werd' ich schon ein' Stiel finden! — aus der Stilübung kommt man ohnehin nie heraus, denn wo man hinschaut, gibt's Hacken und Hackerln — na, für manche finden wir wohl ein' Stiel, aber doch gibt's wieder a Menge Hacken, für die man unbegreiflicher Weise bis dato noch immer keine Stiele g'funden hat! —

Couplet.

Ein Erbschaftsrecht besitzt ein Mann,
Sein Gegner doch erkennt's nicht an
Und gibt die Erbschaft nicht heraus,
Thut schon, als wär' er Herr im Haus,
Da rührt sich im Deutschen das Rechtlichkeitsg'fühl,
Für die Hacken find't er auch noch ein Stiel!

Doch Leute gibt's — wir kennen's —
Wo's Geld wittern, rennen's,
Schleich'n ein sich in d'Häuser,
Ihr Tritt ist ein leiser,
Schon oft sind's erschienen
Mit gar frommen Mienen
An's Sterbbett von Reichen,
Um dort erbzuschleichen,
Benützen die Schwächen,
Lassen sich was versprechen,
Nur gleich vor zwei Zeugen,
Das wird dann ihr eigen.

So finden g'wisse Schleicher auf Krumm-
wegen ihr Ziel,
Ja, find't denn für die Hacken Niemand
ein' Stiel?

Es klagt so Mancher und mit Recht:
Das brittische Krämervolk meint's schlecht,
Stift Unheil nur am Continent
Und reibt vergnügt sich dann die Händ',
A Flotte, a deutsche, würd' enden das Spiel,
Dann wär' für die Hacken gefunden der
Stiel! —
Doch gibt's manchen Dandy,
Der g'fallt sich unbändi,
Sich englisch zu tragen,
Aus London den Wagen,
Den Rockstoff, den läßt er
Sich kauf'n in Manchester.
Mit ein' englischen Messer,
Da ißt er viel besser,
Er schimpft, daß a Schand is,
Ueb'r All's, das hier z'Land is,
Thut's Geld hinausschicken,
Derweil uns're Fabriken
Zu Grund' geh'n, weils d'englische Waar'
druckt zu viel,
Ja, find't denn für die Hacken Niemand
ein' Stiel?

Wenn ein Gewaltiger sich vermessen,
Das ewige Recht ganz zu vergessen,
Verträge, die seit tausend Jahr'n
Zwar oft verletzt, doch giltig war'n,
Zu brechen und zu glaub'n, er kann thun,
was er will,
Da hab'n für die Hacken wir g'funden ein'
Stiel.
Doch kommen Verträge
Auch öfter zu wege,
Damit nur ein Sänger
Erhalten bleib' länger,
Gibt man in der Rage
Zwanzigtausend Gulden Gage,
Damit er sich schonat
Noch Urlaub drei Monat —
Doch er geht gastiren,
Statt drei'n erst nach vieren,
Denkt wieder an sein' Pflicht er,
Doch singen kann noch nicht er,
Weil er von der Erholung sich erholen erst
will,
Ja, find't denn für die Hacken Niemand
ein' Stiel?

Is in ein' Garten a Maulwurf d'rin,
Ein Spatenstich und er ist hin. —
Das laßt, Ihr Wühler, g'sagt Euch sein,
Die Ihr vom Ausland schleicht Euch ein,
Wenn einer das Erdreich hier auflockern will,
Für die Hacken find'n wir schon auch noch
ein' Stiel.
Doch fragt sich's die Kröten
Im Stadtpark zu tödten,
Weil's sich so vermehrten
Mußten Anteln ang'schafft werden.
Wenn sich die Anteln vermehr'n,
Müssen G'meinderäth' g'wählt wer'n,
Daß d'Anten verzehren,
Wann sich d'G'meinderäth' vermehren,
Wer wird die dann verzehren?
Kurz Anten und Hechten
Sein noch nicht die Rechten,
Die Frösch' und die Kröten bleib'n ang'stellt
stabil,
Für die Hacken find't unser G'meinderath
kein Stiel.

Repetitions-Strophe.

Wenn eh'mals in a ferne Stadt
Was Wichtiges man zu b'stellen g'habt hat,
Mußt reiten ein Courier um d'Wett'
Und ist oft kommen doch zu spät!
Jetzt bringt jede Nachricht a Draht an sein
Ziel
Und so is für die Hacken g'funden der Stiel.
Wenn man thut am Land wohnen
In nah'n Stationen
Von der Residenzstadt
Und Correspondenz hat,
's sein nur anderthalb Stunden,
Doch hat sich's schon g'funden,
Daß d'Brief nach zwei Tagen
Erst wer'n zugetragen,

Denn am Land gibt's Fälle,
Wo d'Briefträgerstelle
Muß d'Köchin versehen,
Da thut's halt leicht g'schehen,
Daß die mit ihr'm Schatz a Station halt,
wo's will,
Ja, find't denn für die Hacken Niemand
ein Stiel?

Zehnte Scene.

Verwandlung.

(Vorhalle im Schlosse, deren Bogenwölbung auf Säulen ruht, — rechts und links breite Treppen, welche in die oberen Stockwerke führen — Im Hintergrunde gegen den Park zu offen — Links im Vordergrunde ein runder Marmortisch, an demselben Gartenstühle. — Rechts eine Gartenbank.)

Jean, Robert.

Jean (kommt mit Robert von der Treppe links herab).

Rob. (wie zu Anfang des ersten Actes gekleidet). Ich dank' Ihnen, daß Sie mir die Prunksäle in diesem Tracte des Schlosses gezeigt haben.

Jean. O, meine Schuldigkeit — die darf ich jedem Fremden zeigen — sie sind ja nur zum Ansehen — aber nicht wahr, sehr interessant? — Der Ahnensaal, wo alle Vorfahren der freiherrlichen Familie aufgehängt sind —

Rob. Und das Antikencabinet — die prachtvollen Bechertassen — Carafen —

Jean. Ja, man könnte es beinahe eine Schatzkammer nennen — (Wichtig.) 's ist ja Alles von echtem Gold und Silber —

Rob. (gleichgiltig). So? Ich hab' nur die kunstvolle Arbeit bewundert. (Gegen die Stiege rechts weisend.) Gehen wir jetzt da hinauf.

Jean. Zu was? Da ist nichts Besonderes zu sehen — da sind nur die Zimmer vom Herrn Baron und am äußersten End' die von der Baroneß' und diese sind jetzt noch zu Hause —

Eilfte Scene.

Vorige. Weißberger, Rosi.

Weißb. (in einem etwas unmodischen schwarzen Anzuge, kommt mit Rosi, welche ebenfalls eine gewählte Toilette trägt, bei den letzten Worten Jeans durch die Bogenwölbung). Noch zu Hause? (Zu Rosi.) Wir haben also noch nichts versäumt — (Zu Jean.) Servus, Herr Haushofmeister. (Zu Robert.) Diener, Herr Principal! (Zu Jean.) Sagen Sie mir, von welcher Stiegen kommt der Herr Baron herunter?

Jean. Nun (gegen die Treppe rechts weisend) von hier! —

Weißb. Dank' Ihnen! (Zu Rosi.) Da stellen wir uns her! (Führt sie zur Treppe rechts.)

Jean. Was wollen Sie denn?

Weißb. Ich muß den Herrn Baron sehen, wenn er herunterkommen ist. (Horcht.) Ha! ich hör' oben Thüren gehen, Sporren und Säbel klirren — Rosi! nimm Dich z'samm', daß wir ein' guten Eindruck machen! (Richtet sich die Cravatte und stäubt mit dem Sacktuche die Stiefel ab.)

Jean (gegen die Treppe rechts sehend). In der That! Der Herr General — der Herr Baron — die Baronesse —

Weißb. Und mein Sohn, der Adjutant!

Zwölfte Scene.

Vorige. General von Steinimfeld. Clotilde. Baron von Mainsdorf. Rudolf. Zwei Diener. General (Clotilden am Arm führend). Rudolf (in voller Uniform mit der Feldbinde), die zwei Diener (mit Mänteln und Reisesäcken kommen die Treppe rechts herab).

Gen. (im Herabgehen zu Clotilden). Baronesse! ich werde mich hier von Ihnen verabschieden, der Abend wird kühl —

Clot. Nein, nein! ich begleite Sie bis zum Ausgange des Parkes.

Weißb. (macht ein tiefes Compliment). Gnädige Baroness', ich küß' das Kleid! Herr General Excellenz! mich freut's, die werthe Bekanntschaft zu machen! Befinden sich immer?

Gen. (befremdet zu Clotilden). Wer ist? —

Rud. (vortretend). Erlauben, Herr General, daß ich Ihnen meinen Vater vorstelle —

Gen. Ah! — der Herr Bürgermeister! — Nun (zu Weißberger) es freut mich, Gelegenheit zu finden, Ihnen Glück wünschen zu können zu einem so wackern Sohne (auf Rudolf weisend), den Sie dem Vaterlande geschenkt haben.

Weißb. Bitte! — war meine Schuldigkeit — 's ist mir leid, daß ich nur den ein' Sohn g'habt hab', aber wie der Krieg ausbrochen ist, war ich bereits Witwer — das Vaterland muß also schon vorlieb nehmen — aber (mit Vaterstolz auf Rudolfs Schulter klopfend) ein Mordkerl ist er — was? (Zu Clotilden.) Die gnädige Baroness' werden das auch finden — nicht wahr?

Rud. (leise zu Weißberger). Aber Vater!

Weißb. (leise zu Rudolf). Laß' mich nur — ich muß doch a bißl auf'n Strauch schlagen!

Bar. Es ist dem Herrn Bürgermeister aber auch zu seiner Tochter zu gratuliren — ein so hübsches und so braves Mädchen —

Weißb. Ja, Gott sei Dank! sie g'rath ihrer Mutter nach! — aber Ew. Gnaden haben sich auch nicht zu beklagen — die Fräule Baroneß' ist auch ein sehr lieber Schneck! (Clotilde mit Wohlgefallen betrachtend.) Meiner Seel'! — na — ich sag' nichts als: meiner Seel'!

Rud. (leise). Aber Vater!

Weißb. (leise). Was hast denn? Ich muß doch 's Compliment erwiedern!

Bar. Nun, Herr Bürgermeister! ich hoffe Sie und Ihre Tochter auch bei dem Feste zu sehen —

Weißb. Werd' so frei sein — hab' schon g'hört — glorreicher Geburtstag — da muß ich gleich gratuliren — Glück — G'sundheit — langes Leben — Alles was Sie sich selbst wünschen können —

Bar. (lächelnd). Danke — danke — doch (erblickt Jean). Ah, mein Kammerdiener (Zum General.) Du erlaubst wohl, daß ich diesem noch einige Aufträge gebe —

Gen. Immerhin! Wir sind nicht pressirt! (Spricht mit Rudolf und Weißberger.)

Bar. (tritt etwas vor). Jean!

Jean. Euer Gnaden befehlen?

Bar. Ich werde erst morgen Früh wieder von Rodenstein zurückkehren, sorge Du für die Bewachung des Schlosses — es sind fremde Leute im Parke — sieh', daß sich alle entfernt haben, bevor es Nacht geworden —

Rob. (ebenfalls vortretend). Entschuldigen, Herr Baron, dieser Befehl bezieht sich doch nicht auf meine Leute, denn diese haben bis spät in die Nacht hinein an den Vorbereitungen zu arbeiten, die Gerüste aufzuschlagen u. s. w.

Bar. Für Ihre Leute haften Sie wohl?

Rob. O, — so wie für mich selber!

Bar. (zu Jean, gegen links weisend). Hier im Gange lasse wie gewöhnlich abwechselnd einige der Diener Wache halten — sieh' aber selbst nach!

Jean. Werde nicht ermangeln! bitte vollkommen beruhigt zu sein!

Bar. (zu Jean und Robert). Also Adieu! (Kehrt zum General zurück.) Nun steh' ich zu Diensten — Wagen und Reitpferde erwarten uns vor dem Thore.

Weißb. Erlauben Ew. Gnaden, daß ich auch mitgeh' — ich muß sehen, wie mein Sohn aufsitzt —

Clot. (welche indeß freundlich mit Rosi gesprochen, zu dieser). Aber Sie, liebes Röschen, gehen doch noch nicht ganz fort! — Ihr Vater wird nichts dagegen haben, wenn Sie mir noch ein Stündchen Gesellschaft leisten.

Weißb. Ich, dagegen haben? Keine Idee! Alles eine Gnad'; wenn's von mir abhänget, ich ließ Ihnen meinen Sohn auch da!

Clot. (zu Rosi). Sie begleiten mich dann in den kleinen Küchengarten, den ich mir anlegen ließ, ich werde Sie um Ihren Rath bitten. Denn so oft ich an Ihrem Garten vorübergehe, beneid' ich Sie fast, so prächtig gedeiht dort Alles, während bei mir nichts recht fortkommen will —

Weißb. Es liegt vielleicht an den Pflanzen, aber ich, Baronesse, ich möcht' Ihnen a Pflanzen aus meiner Fechsung geben, wenn's die bei Ihnen in a Beeterl (auf's Herz weisend) einsetzen, und gehörig betreuen möchten, da sollten's sehen, wie die sich herauswachst. (Leise zu Rudolf.) Bemerkst Du die zarte Anspielung —

Gen. Nun, denk' ich, brechen wir auf, wir haben eine gute Stunde nach Rodenstein.

Bar. Ich bin bereit —

Gen. (mit dem Baron nach dem Hintergrunde abgehend, zu Weißberger). Adieu, Herr Bürgermeister! (Ab mit Clotilden, dem Baron und Rudolf.)

Weißb. Empfehl' mich, hat mich recht g'freut — (Zu Rosi.) Komm' — wir gehören zur Suite vom General — Ha, wenn mich die Leut' aus'n Ort sehen als Suitier! (Folgt mit Rosi.)

Jean (begleitet die Abgehenden ebenfalls bis zum Ausgange der Halle).

Rob. (im Vordergrunde sichtbar aufgeregt auf- und niedergehend, für sich). Ha! der Herr Lieutenant ist fort — der Baron auch, ein Theil der Dienerschaft auch — da könnten wir ja heut' Nacht schon ein Partiechen machen! Aber hier muß ich noch die Karten mischen.

Jean (kommt wieder zurück).

Rob. Nun, Herr Haushofmeister! der Herr Baron ist fort — jetzt können Sie doch auch ein wenig aufathmen!

Jean. Ja — Gott sei Dank! Ich komm' sonst ohnehin selten dazu.

Rob. 'S geht mir und meinen Leuten fast ebenso! — Aber wie wär's, wenn wir — ich meine Sie und die übrige Dienerschaft und ich mit den ersten Künstlern meiner Truppe uns einen recht vergnügten Abend machen wollten?

Jean (schmunzelnd). Vergnügten Abend! Hm! wäre schon dabei — aber das Schloß darf ich nicht verlassen —

Rob. Das sollen Sie auch nicht — wir machen die Vorhalle dahier gleichsam zur Wachstube! — Während Einige da oben die Wache beziehen, trinken wir Andere hier, spielen, treiben uns're Kurzweil — (Vertraulich.) Ich hab' ja auch einige ganz scharmante Damen unter meiner Truppe —

Jean. Damen? Hä hä hä! Das könnte allerdings sehr amüsant werden — die Baroness' wird sich mit ihrer weiblichen Umgebung bald in ihre Gemächer zurückziehen — dort hört sie nichts, wenn's auch hier etwas toll hergehen sollte.

Rob. Und Sie werden sehen, was ich für prächtige Bursche hab'! — Künstler aus allen Welttheilen! (Gegen den Hintergrund rechts sehend.) Da kommen eben Einige — sehen's nur!

Jean (zurückprallend). Ah! was sind denn das für fürchterliche Kerls?

Dreizehnte Scene.

Vorige. Ali. Mehrere andere Mitglieder (in arabischem Costüme).

Ali und die Araber (treten vom Hintergrunde rechts ein).

Rob. Das sind Araber, die ich eigens aus der Wüste Sahara verschrieben hab'!

Jean (ängstlich). Araber? — Mein Gott! Das sind wohl eine Gattung Menschenfresser?

Rob. (lachend). Sein's ruhig! Auf Sie werden's doch kein Appetit kriegen!

Jean (leise). Ich möchte doch keinen von den Kerls in der Wüste Sahara begegnen, wenn der Hausmeister einmal zugesperrt hat! —

Ali (auf Jean zugehend, in echt österreichischem Dialekte). Dö Hitz, Herr Kammerdiener! Sö könnten uns wohl ein g'sunden Tropfen bringen lassen!

Jean (tritt überrascht zurück). Alle Wetter!

Rob. (zu Jean). Was haben's denn schon wieder?

Jean. Nichts! Ich bin nur überrascht, daß ich so gut arabisch versteh' —

Rob. Ha ha ha! Ja, der Bursch' hat sich schnell acclimatisirt!

Jean. Hab'n Sie ihn vielleicht im Wiener Thiergarten aufziehen lassen?

Rob. Nein, Wechsel frißt er nicht! — Aber holen's nur die übrige Dienerschaft, und richten's dem Herrn Kellermeister besonders meine Empfehlung aus!

Jean. Ha ha ha! Verstehe! Na, Sie sollen sich über die Bewirthung nicht zu beklagen haben. (Leise.) Lassen Sie nur die Damen bald kommen — ich bin gleich wieder da! (Ab nach rechts.)

Rob. (rasch zu den Arabern). Kinder, unsere große Production muß heut' noch stattfinden!

Ali und die Araber (sich schnell um ihn sammelnd). Heut' noch?

Rob. Still! still! Merkt's Euch nur Eins. Es wird jetzt Wein kommen — halt's Euch zurück, daß mir Keiner von Euch ein' Rausch kriegt! (Zu einem der Araber.) Du hol' unsere Zigeunermusik — (zu einem Andern) Du unser Weibsvolk her!

(Zwei von den Arabern entfernen sich eilig nach dem Hintergrunde.)

Rob. (sieht in die Scene). Sie kommen! Nur jetzt recht lustig!

Vierzehnte Scene.

Vorige. Jean, Spund, Paul, einige andere Diener und zwei Kellnerjungen (mit großen Krägen und Gläsern, kommen von rechts. Bald darauf erscheint im Hintergrunde eine abenteuerlich costümirte Zigeunerbande mit Musik-Instrumenten. — Ferner Dirnen in orientalischem Costüme). Ein Athlet.

Jean (zu den Kellnerjungen). So, stell't nur Alles dorthin. (Auf den Marmortisch weisend.)

Rob. (zu Spund und den andern Dienern). Ah, mein Herr! 's freut mich, den Abend in Ihrer G'sellschaft zubringen zu können, wir wollen einmal recht fidel sein! — und während wir trinken, sollen meine Araber Ihnen einen echt beduinischen Cancan zum Besten geben! (Zu Einem seiner Leute.) Ah — da ist ja mein erster Athlet! Zeig' auch Du deine Künste und (zu den herbeieilenden Dirnen) Ihr tanzt dazu! (Gegen die Musikbande.) Allons — Aufgespielt!

Der Athlet (beginnt in der Mitte der Bühne seine Kunststücke, während die Dirnen sich um ihn in einem wilden Tanze bewegen).

Jean und die Diener (stehen mit dem Rücken gegen den Tisch gekehrt und sehen dem Spiele zu).

Rob. (füllt indessen hinter dem Rücken der Diener die Gläser, schüttet dann aber aus einem Fläschchen, welches er aus der Brusttasche zieht, in alle Gläser einige Tropfen, für sich). Der Extract hat seine Schuldigkeit noch immer gethan!

Die Diener (nachdem die Production geendet, applaudirend). Bravo! bravo!

Jean (zu Robert). Aber lassen Sie doch jetzt die Mädchen etwas näher kommen.

Rob. Ja, die Damen sollen uns den Wein credenzen, während ich Ihnen ein Trinklied zum Besten geben will! Dann haben wir die drei Dinge, ohne die der Mensch ein Narr ist: Wein, Weib, Gesang!

Die Diener (lustig). Ja, Wein, Weib, Gesang!

Trinklied mit Chor.

(Am Schlusse jeder Strophe, welche der Chor wiederholt, reichen die Dirnen der Dienerschaft die vollen Becher, welche fortwährend rasch geleert und wieder gefüllt werden, — man merkt schon während des Liedes die rasche Wirkung des Getränkes; nach der letzten Strophe werden Alle so ausgelassen wild, daß sie sich mit den Dirnen im Tanze drehen, dann aber vollends betäubt und erschöpft auf Bänke und Stühle sinken.)

Fünfzehnte Scene.

Vorige. Anton.

Ant. (erscheint während des allgemeinen Tumultes im Hintergrunde). Teufel, wie geht's denn da zu? (Zieht sich rasch wieder zurück, wird aber fortwährend lauschend gesehen.)

Spund (ebenfalls in einen Stuhl gesunken). Donnerwetter! — ich — Kellermeister — ich vertrag' doch was — aber heut' — der Wein — der Tanz —

Jean (ist mit seiner Tänzerin auf eine Bank gesunken). Ich — ich bin in Ma — Mahomeds Himmel! — Diese Odal — Odaliskin! rei — reizend! (Nickt schlaftrunken mit dem Kopfe.)

Rob. (zu einem seiner Leute, leise). Ha! hab' ich die (auf die Diener weisend) zugedeckt — aber jetzt muß ich sehen, daß ich's von da fortbring'! (Geht zu Jean und rüttelt ihn.) He! Herr Haushofmeister! vergessen Sie nicht, daß Sie die Wachen aufstellen sollen, — es wird dunkel!

Jean (sich blöde entsinnend). Ja — ja — Wa — wach — wie — wir hatten Alle Wach — aber Wein — nur noch Wein.

Rob. (für sich). Na wart! ich will ihm noch ganz den Rest geben! (Geht zum Tische, zieht wieder sein Fläschen hervor und schüttet es in einen Krug, für sich.) Repetatur dosis! (Geht mit dem Kruge zu Spund und Jean und hält ihn jedem hin.)

Ant. (hat es belauscht, für sich). Was thut er denn?

Rob. Na, noch einen Schluck, aber dann auf die Wach'!

Jean (nachdem er getrunken, sich mühsam erhebend). Ja, auf d' Wach'! (Schreit.) He da! Auf — Wach'! G'wehraus! (Taumelt.) Ha, ha! meine Füße! — Macht nichts — ich — ich sitz' Wach' — (Wankt zu den Dienern, sie rüttelnd) Auf! Ihr — Ihr seid — glaub' ich — gar betrunken? Darf nicht sein! — Seht mich an — ich — oh — ich bin rein!

Die Diener (erheben sich, sich mühsam ermunternd). Ja — auf Wach' hinauf!

Jean. Nur mir — mir nach! (Wankt voraus die Stufen hinan.)

(Die Diener folgen ihm.)

Rob. (den Abgehenden nachsehend). Ha! das ist eine saub're Quardia! Wenn die sich da oben niedersetzen, so schlafen's so fest, daß ihnen ein Blitz in ein' hohlen Zahn fahren dürft', und sie werden nicht munter. (Man hört von außen die Gartenglocke läuten.)

Rob. Aha! Die Gartenglocke — das Zeichen, daß sich alle Fremden, die sich noch im Park aufhalten, zu entfernen haben! Um so besser — dann wird das Thor g'sperrt — und wir — wir sein die Herrn! (Zu den Arabern.) Kommt jetzt nur Alle mit mir! — heut' sollt Ihr noch mein Feldherrn-Genie bewundern! (Ab mit allen Uebrigen nach dem Hintergrunde rechts.)

Sechzehnte Scene.

(Es wird nach und nach ganz dunkel, — man sieht im Hintergrunde — im Parke Besucher desselben rasch von rechts nach links eilen — Anton — später Weißberger, Rosl, Knettmann, Adrian.)

Ant. (tritt, nachdem Alle abgegangen, rasch in den Vordergrund). Was ist das? Der Seiltänzer und alle seine Leut' sein ganz nüchtern — und die, die Wach' halten sollen, können vor Rausch und Schlaf kaum stehen! — Herr Gott! Da ist was Schlechtes im Werk — (Sieht nach den Forteilenden.) Alles geht heim — ich mit meine zwei Mann bleib' allein im Schloß, und die Ueberzahl — ah was? Nur den Kopf nicht verloren!

Weißberger und Rosl (erscheinen außerhalb der Halle, von rechts nach links gehend).

Weißb. (zu Rosi). Ist die Baroneſſ' a biß'l lieb! Was? Sie hat uns gar nicht fortlassen wollen? (Will vorübergehen.)

Ant. (ihn erblickend). Ha! der Bürgermeister! (Nickt ihm zu sich.) Pst! Pst! Herr Bürgermeister! daher! daher!

Weißb. (stehen bleibend). Wer p'stet denn da? (Tritt mit Rosi in die Halle.)

Rosi (Anton erkennend). Ha, der Tonl!

Knettmann, Adrian (erscheinen ebenfalls im Hintergrunde).

Adr. (zu Knettmann). Hab' ich's nicht g'sagt — 's ist die Rosi! (Treten ebenfalls in die Halle, bleiben aber anfangs mehr rückwärts stehen.)

Weißb. (entrüstet). Der Tonl! der G'freite — und er untersteht sich — —

Ant. (hastig). Still! Still! Um Alles in der Welt! Ein Glück, daß ich Sie dahier treff', Herr Bürgermeister! Das Schloß, — vielleicht das ganze Dorf ist in Gefahr!

Weißb. (auffahrend). Gefahr?

Adr. (ängstlich). Wie? — Wo? — Warum?

Ant. Ah, — Ihr auch da? — Um so besser — aber hört — hört — ich hab' die Seiltänzertrupp' belauscht — das ist ein gefährliches Gesindel —

Weißb. Warum nicht gar — der Seiltänzer-Principal —

Ant. Verdient eher am Strick als auf dem Seil zu tanzen, — er ist das Capo von den Spitzbuben — er commandirt die Räuberbande!

Weißb. (plötzlich starr vor Schreck). Räuber — bande — das Wort — es fahrt mir in alle Glieder —

Adr. Um Alles in der Welt — Vater! rennen wir davon!

Ant. (faßt ihn an der Hand). Halt! Dageblieben! — Wir müssen gemeinsam handeln, denn noch für heut' Nacht ist ein Schurkenstreich beabsichtigt!

Weißb. Um Gottes willen! Hört's auf! Mich — mich trifft der Schlag! (Wankt zu einem Stuhle und sinkt in denselben.)

Knettm. Mich, — mich hat er schon troffen! (Sinkt ebenfalls in einen Stuhl.)

Rosi (eilt zu Weißberger). Aber, Vater! um Alles in der Welt! Faßt Euch doch — Ihr seid's Ortsvorstand — Ihr müßt Maßregeln ergreifen!

Weißb. Maßregeln! Ich — Ja freilich! — (Rafft sich wieder auf, und rennt verzweifelnd auf und nieder.) Aber was? Wie? Die Bande zählt wenigstens fünfzig Köpf', und ich — ich gebet was d'rum, wenn mir Jemand saget, wo mein Kopf steht! (Plötzlich sich besinnend, zu Anton.) Commandant — die einzige bewaffnete Macht im Ort — Ihr müßt's einschreiten! (Mit bittend aufgehobenen Händen.) Gefreiter! Herr Gefreiter! Ich bitt' Euch um Gottes Barmherzigkeit willen — helft's — rett's!

Adrian — Knettmann (ebenfalls zu Anton eilend). Ja — das geht's löbliche Militär an!

Adr. (zu Anton.) Edler deutscher Krieger!

Weißb. Schutzengel in der Montur — verlaß' uns nicht —

Ant. (mit einem gewissen Stolze auf die Bittenden blickend.) Ja, ja, so seid's! — So lang's Frieden habt's, und Euch von nirgend her a G'fahr droht, da ziegt's Euch zurück, aber wenn's Euch einmal wieder auf die Nägel brennt, dann könnt's schreien: »Militär, zu Hilf'!«

Adr. Ich bitt' Dich, trag' uns jetzt nichts nach — wann ich Dich beleidigt hab' — auf den Knien bitt' ich's ab — (Will niederknien.)

Weißb. Und ich — was thu' denn ich, um ihn wieder gut z'machen! Rosi! gib ihm a Bußl! Vielleicht hilft das! Oder ist Euch's Relutum lieber? (Zieht seine Brieftasche.) Da ist Geld! —

Knettm. Da nehmt's mei silberne Uhr. (Will Anton seine Uhr reichen.)

Ant. (barsch). Laßt das! Ich weiß, was mei' Pflicht ist, und dafür laß' ich mich nicht zahlen! Ich und meine Leut' werden zu enrem Schutz da sein, so lang' noch ein Tropfen Blut in unsern Adern ist! — Aber (zu Weißberger) Ihr müßt auch thun, was ich anordn'!

Weißb. Ja, ja, schaffen's nur! Aber was — was soll denn geschehen?

Ant. Sie lassen gleich alle Männer im Ort z'sammenrufen —

Weißb. Ist nicht nöthig, — wir haben heut' Abends ohnehin Gemeindesitzung! — (Verzweifelnd.) Gott! wann ich die Rauberg'schicht vortrag' — das wird wieder Debatten geben, da sitzen wir noch bis morgen in der Früh, und auf d'letzt kommt doch nichts G'scheites heraus!

Ant. In so ein' Fall' darf's nicht zum debattiren kommen, — da muß ein Willen entscheiden, — ein Mann befehlen! Sie rufen die kräftigen Männer und Burschen, die ein Herz im Leibe haben, auf!

Weißb. Ja, ein Herz hat ein Jeder im Leib' — aber wohin 's ihnen halt hernach fallt? —

Ant. Die sollen sich so gut als möglich bewaffnen mit Heugabeln, Hacken — Dreschflegeln —

Weißb. Gut. — Ich biet' den Landsturm auf!

Ant. Dann sollen's über die Mauern heimlich in den Park z'kommen suchen — am Platz vor dem Schloß treffen's mich und meine Leut' — übrigens muß noch für weitere Hilf' g'sorgt werden — ich weiß, in Riedstädten sein Jäger bequartirt. — (Rasch.) Und in Rodenstein liegt, wie ich g'hört hab', ein Cavallerie-Piquet.

Weißb. Da ist aber überall mehr, als eine Stunde hin!

Ant. Gleichviel — Sie müssen reitende Boten hinschicken — ich werd' in Eil' die Estaffetten schreiben. (Zieht eine Brieftasche hervor, reißt einige Blätter aus derselben, setzt sich zum Tische und schreibt.)

Weißb. (verwundert). Er kann jetzt schreiben! Ist doch bei uns nie in d'Schul gangen.

Rosi. Aber wohl beim Regiment.

Weißb. Ja, ja! Beim Regiment wird oft was dictirt, z. B. fünfundzwanzig. —

Ant. (steht wieder auf). So, das muß zuerst besorgt werden. —

Adr. (hastig). Ich, ich b'sorg' das — ich sattel mir unsere braune Stutte, die fliegt wie der Wind —

Ant. Gut, gut — so nimm! (Gibt ihm die Zettel.)

Adr. (für sich). Wenigstens komm' ich auf die Art aus'n Ort! — Weit davon ist gut für'n Schuß. (Rennt mit großen Schritten nach dem Hintergrunde links ab.)

Ant. Möglich, daß wir noch zur rechten Zeit Succurs kriegen, wenn aber nicht, dann müssen wir sehen, was wir mit eigener Kraft richten. (Drängend zu Weißberger.) Also gehen's jetzt — gehen's, 's ist keine Minute Zeit zu verlieren!

Weißb. Ja — ja, ich geh', ich renn' —

Rosi (besorgt zu Anton). Und Ihr — ihr bleibt schon da? — Wenn Euch aber keine Hilfe kommt? —

Ant. So soll doch, so lang ich leb', keiner von die Gauner in's Schloß! Also b'hüt' Gott, Rosi, wer weiß, ob wir uns nochmals sehen! B'hüt Gott!

Rosi (faßt seine Hand mit hervortretenden Thränen). Toni, b'hüt' Gott!

Weißb. Ich sage: Helf' Gott! denn er und die Soldaten allein können uns retten! (Zu Rosi und Knettmann.) Kommt's, kommt's!

Ant. Ich hol' meine Leut' — die G'wehr scharf g'laden — dann vor's Schloß — und — wenn der Augenblick kommt, d'rauf und d'ran. (Eilt voraus ab.)

Weißberger, Rosi, Knettmann (Eilen ebenfalls ab.)

Weißb. (ruft Anton nach). Rennt's nicht gar so, — begleit's uns doch bis zur Parkthür. (Alle ab.)

Zwischenvorhang.

Siebenzehnte Scene.

Verwandlung.

(Platz vor dem Schlosse, von welchem ein Flügel die Hälfte des Hintergrundes, der andere die rechte Seite der Bühne einnimmt, vor ersterem sind Gerüste, Kletterstangen und Seile bis zur Höhe der Fenster angebracht. Vom Hintertracte zieht sich quer über die andere Hälfte der Bühne eine mit Schlinggewächsen bedeckte Mauer, in der Mitte derselben ein breites, anfänglich verschlossenes Thor, den Vordergrund rechts und die ganze linke Seite nehmen Baumgruppen und Gebüsche ein.)

Robert. Ali. Leute von Roberts Truppe. Robert und Ali (beide in Mäntel gehüllt, schleichen aus dem Gebüsche links hervor) Die Uebrigen (kommen während des Folgenden, langsam und leise auftretend, von verschiedenen Seiten).

Rob. (leise zu Ali). Noch ist Alles still! (Sieht gegen den Hintergrund.) Noch ist nichts zu sehen — nichts zu hören!

Ali. Was willst denn sehen?

Rob. Ich hab', um vor jeder Störung von Seite der Ortsbewohner sicher zu sein, ein paar von unseren Zigeunern zu der Gemeindescheuer, die außerhalb des Dorfes steht, g'schickt, die sollen's anzünden — dann entsteht Feuerlärm — Alles rennt zur Brandstätte, und an's Schloß denkt Niemand. (Sieht sich wieder um.) Aber die Bursche lassen sich Zeit, und ich wart' nur auf das Signal! (Spricht leise mit den Uebrigen.)

Achtzehnte Scene.

Vorige. Anton. Stramm. Horner. Jacob. Mehrere Bursche (mit Gabeln, Hacken, u. dgl. bewaffnet, später Rosi (in Männerkleidern).

Ant., die Gemeinen, die Bursche (erscheinen, ihre Gewehre bereit haltend, hinter den Gebüschen links).

Ant. (leise zu seinen Leuten). Sie sein da! halt's Euch nur alle ruhig — erst wenn ich den ersten Schuß thu' — stürzt hervor.

Rob. (leise zu den Uebrigen). Ich hab' übrigens auch dafür gesorgt, daß wir auch in den nächsten Tagen vor jeder Verfolgung sicher sind.

Ali. Wie willst es machen —

Rob. Wenn wir hier (auf den Mittelpunct weisend) fertig sind, geh'n wir dorthin (auf den Tract links weisend) und nehmen die Baroneß' mit als — unsere Geißel — (Man sieht plötzlich den Himmel oberhalb der Schloßmauer von Feuerröthe erglüh'n, gleich darauf hört man vom Orte her die Sturmglocke läuten und wirres Geschrei.)

Rob. Ha! sehet ihr! jetzt an die Arbeit! kein Spectakel gemacht, schnell auf die G'rüster — bei den Fenstern hinein, packt Alles in Bündel und laßt es da herunter!

Die Leute Roberts (klettern an den gespannten Seilen und Gerüsten bis zu den Fenstern des ersten Stockwerkes im rückwärtigen Tracte, verschwinden, oben angelangt, durch die Fenster).

Neunzehnte Scene.

Vorige. Baronesse Clotilde. Einige weibliche Dienerinnen.

Clot. (im Nacht-Negligée, eilt, von den Dienerinnen begleitet, aus dem Thore des Schloßtractes rechts, in höchster Bestürzung). Himmel! Feuer im Orte! und (das Treiben der Leute gewahrend) was geschieht hier?

Rob. (für sich). Ha! eben recht. (Laut zu Clotilden.) Baronesse, Feuer im Orte — ich suche das Werthvolle zu retten — doch das Werthvollste sind Sie selbst. — Der Brand ergreift das Schloß — ich will Sie auf meinen Armen — (Will sie umfassen.)

Clot. (entsetzt zurückspringend). Laß't mich! Zu Hilfe! zu Hilfe!

Rob. (will sie mit Gewalt erfassen).

Clot. (eilt schreiend in's Schloß zurück).

Ali (verwehrt ihr den Eingang).

Ant. (schießt in diesem Augenblicke).

Ali (stürzt zu Boden).

Ant. (schreiend). Heraus! d'rauf und d'ran! (eilt vorwärts, wirft sein Gewehr weg und stürzt sich auf Robert, mit ihm ringend.)

Die Gemeinen und die Bauern (stürzen ebenfalls aus dem Gebüsche hervor).

Alle Räuber (erscheinen wieder auf der Außenseite des Schlosses, einige schießen).

Die Bauern (fallen über sie her — Handgemenge, in welchem die Bauern zu weichen beginnen).

Ant. (noch immer mit Robert ringend, zu den Bauern). Halt's Stand! (Man hört Trompeten schmettern und Trommeln wirbeln.) Ha — sie kommen! sie kommen zurecht!

Rob. (hat sein Messer gezückt und stößt nach Antons Brust). Für Dich zu spät!

Ant. (stürzt zu Boden).

Rosi (welche in Männerkleidern ebenfalls im Gebüsche erschienen, stürzt zu ihm). Toni! Toni! (Kniet bei ihm nieder.)

Zwanzigste Scene.

Vorige. Rudolf. Militär zu Fuß und zu Pferd.

(Während des Gemenges wird das Thor in der Mauer gesprengt, Rudolf mit dem blanken Säbel und das Militär stürzen herein — der Kampf beginnt auf's Neue. Robert wird überwältigt. Rudolf eilt zu der ohnmächtig hingesunkenen Clotilde.)

Schlußtableau.

Der Vorhang fällt.

Dritter Act.

(Spielt um einige Tage später als der zweite. Stube im Gemeindehause mit einer Mittel- und zwei Seitenthüren, links ein Fenster, rechts im Vordergrunde ein mit grünem Tuche bedeckter Tisch, auf welchem Papiere und Schreibzeug sind, an demselben Stühle.)

Erste Scene.

Robert. Wenzel. Straumm. Horner.

Rob. (wird von Wenzel durch die Mittelthür hereingebracht).

Horner und Straumm (werden durch die geöffnete Mittelthür außerhalb derselben mit aller Rüstung und mit aufgepflanztem Bajonette Wache haltend gesehen).

Wenz. (in barschem Tone zu Robert). Da herein! Wird Herr Burgemeiste gleich da sein!

Rob. Wird mir ein außerordentliches Vergnügen sein! (Sieht sich in der Stube um, für sich.) Ha! ein unvergittertes Fenster! (Laut.) Es ist aber hier eine sehr schöne Aussicht! (Will gegen das Fenster.)

Wenz. (ihm rasch den Weg vertretend). Stehen bleiben's! oder ruf' ich Wach'!

Rob. Pst — Pst! — Ich hab' ja nur wollen ein wenig die Aussicht —

Wenz. Sie haben's gar kein Aussicht, als auf Galgen! Sakramensky, Baudit!

Rob. (sich zum Lachen zwingend). Ha ha ha! — Fürcht' mich nicht! Meine Unschuld wird und muß zu Tage kommen. —

Wenz. Ja — bei Nacht!

Rob. (für sich). Sollt' denn dem Kerl gar nicht beizukommen sein? (Sich wieder in der Stube umsehend.) Die Gelegenheit wär' prächtig — nur ein Sprung — —

Wenz. (strenge). Stad sein! sag' ich!

Rob. Na! ich werd' doch mit mir selber reden dürfen?

Wenz. Nichts! hab' ich Befehl, daß ich Ihnen sull reden lassen mit Niemand, a potom dürfen's auch nicht reden mit selbernes! Kunntens machen Verabredung!

Rob. Ha — ich denk' nicht d'ran! Ich kann mich über Alles rechtfertigen, aber mir ist's nur z'wider, so lang herumgezogen z'werden!

Wenz. Herumziehen macht nix — aber (mit einer Pantomime am Halse) hinaufziehen!

Rob. Ich hab' mir eben gedacht, wenn ich so ein g'scheiten Mann zum Richter hätt' wie zum Beispiel Sie — denn Sie, ah! das sieht man Ihnen an — Sie müssen sehr g'scheit sein!

Wenz. (mit Selbstgefühl). Wär' ich sonst nicht Ortswachter!

Rob. Und als g'scheiter Mann werden Sie einsehen, daß Sie ein Esel wären, wenn Sie sich nicht ein Geld machten, wenn Sie sich's noch dazu auf eine leichte Art verdienen können!

Wenz. (aufmerksam werdend). Geld machen? Was wollen's sagen?

Rob. Warten's a bißl! (Streift sein Beinkleid auf und sucht in seinem Stiefel.)

Wenz. (erschrickt). Was machen's? — Herr Gott! Hat er vielleicht Messer.

Rob. Still! still! (Zieht aus der Röhre seines Stiefels eine Börse heraus und läßt die Münzen klirren.) Wie g'fallt Euch die Musik?

Wenz. (gierig horchend). Ale sabrazeni! Ist schöner, als wann's blasen Cralinett! — Is e Gold?

Rob. Hundet Stück blanke Ducaten!

Wenz. Taibel! — Aber wie kummen's dazu?

Rob. Ich hab' mir's erspart!

Wenz. Erspart? Aha — kralowat! — Aber warum haben's steckte in Stiefel?

Rob. Weil ich bei meiner Arretirung gleich gedacht hab', daß ich Fersengeld geben muß! (Oeffnet die Börse und läßt Wenzel das blanke Gold sehen.) Schauen's es an, Wachter! Schauen's es an!

Wenz. (begierig hinsehend). O, wie glänzte! Wie schön! (Trocknet sich die Augen.)

Rob. Sie weinen ja gar?

Wenz. Weil ich so lang hab' nicht g'seh'n!

Rob. (heimlich dringender). Sie sollen Ihnen g'hören, wenn Sie's gleich zählen!

Wenz. Sonst nix? —

Rob. (schüttet rasch das Geld auf den Tisch). Aber Sie dürfen sich dabei nicht umsehen! (Wendet sich schnell gegen das Fenster.)

Wenz. (Roberts Absicht errathend, und mit seiner Begierde kämpfend, den Kopf bald auf Robert, bald auf das Gold richtend). Halt, was wollen's!

Rob. Kein Lärm machen, sonst verfallt das Geld dem G'richt, und Sie haben nichts! (Nähert sich noch mehr dem Fenster.)

Wenz. (außer Fassung). Das Gold — goldne Zaplati — (Eilt zum Tische und langt nach dem Gelde, zugleich mit schwacher Stimme.) Wach'! — Patrouille! (Steckt indeß das Geld ein.)

Stramm und Horner (sind bereits während Wenzels letzter Rede leise eingetreten, springen nun Robert in den Weg und halten ihm die Bajonette entgegen). Halt!

Rob. (zurückprallend). Alle Teufel!

Wenz. (ebenfalls erschreckt). O Jekus! Aber machte nix! (Steckt rasch das Geld vollends ein, dann zu den Soldaten.) Ah, bin ich so froh, daß habens g'hört, wie ich hab' schrien: „Wach'! Patrouille! (Zu Robert mit der Faust drohend.) Verfluchte Kerl, hatt' er wull'n schapirowat!

Stramm (erbittert). Und Ihr habt's es angeh'n lassen wollen, aber wir haben nur Geld scheppern g'hört, und haben uns gleich gedacht —

Zweite Scene.

Vorige. Weißberger und der Gemeindeschreiber (treten aus der Seitenthür rechts).

Weißb. (erstaunt stehen bleibend). Ja, was geht denn da vor?

Wenz. (erschreckt). Pane Burgemeiste! (rasch leise zu den Soldaten) Sagen's nix — bitt' ich Ihnen — da haben's! (Will jedem von den Soldaten ein Goldstück in die Hand drücken.)

Stramm und Horner (schlagen Wenzel so auf seine Hände, daß die Goldstücke zu Boden fallen).

Weißb. Was? Aus mein Wachter laßt sich Geld herausschlagen? — Werd' ich jetzt einmal hören, was's gibt?

Horner. Ah der Schuft — (auf Robert weisend).

Rob. Keine Beleidigung!

Horner. Er hat den Wachter zahlt, daß er ihn entwischen lassen soll, und der hat wirklich —

Weißb. (die Hände zusammenschlagend). Was hör' ich? — Wenzel? — Ihr laßt Euch bestechen, war't doch sonst immer so ein ehrlicher Kerl!

Wenz. (fast weinend). Herr Burgemeiste! Haben's Gnad'! — Ist erste Mal, daß is auffkummen! Aber su schönes Geld! (Zieht eine Handvoll Ducaten hervor.) Hat mir macht ganzes Hirn kralawatsch! — Bin ich doch Mensch — sterbliches dürftiges. —

Weißb. Ja, und Gold und Silber sind die stärksten Augenblenden. Man sollt wirklich auf solche Münzen die Wort prägen lassen: »Führ' uns nicht in Versuchung.« (Zu Wenzel.) Das Geld da her — (Auf den Tisch weisend.)

Wenz. (gibt mit sichtbarem Schmerz und zögernd das Geld auf den Tisch). Herr Burgemeiste! glauben's mir, 's mir leid — —

Weißb. Daß Ihr es hergeben müßt — das glaub' ich Euch! — Und jetzt gebt's euren Säbel her —

Wenz. (bittend). Herr Burgemeiste!

Weißb. (strenge). Den Säbel her! Und dann führt's Euch selber ein, weil wir noch kein andern Wachter hab'n! — Das soll eure letzte Amtshandlung sein! (Nimmt ihm den Säbel ab.) Marsch!

Wenz. (trostlos). Gott, o Gott! was ist e für Schand, wann's Leut' mich gehen sehen su! waren's g'wohnt, z'sehen immer nur Wachter mit Sabel! (Geht traurig durch die Mitte ab.)

Weißb. (zu Stramm und Horner). Ich bitt' Sie, meine Herrn, bleiben Sie im Zimmer, denn mir wird ordentlich angst in der Nähe von dem Menschen! (Auf Robert.) Zu allen Schandthaten — Einbruch — Diebstahl — Entführung —

Rob. Muß erst bewiesen werden —

Weißb. Kommt jetzt noch die Bestechung amtlicher Autoritäten und Suchversucht — wollt' ich sagen: Fluchtversuch! Er häufelt ja Verbrechen auf Verbrechen! Besetzen Sie alle Ausgäng'! 's wär' gut, wenn Einer von Ihnen das Haus umzingeln möcht' —

Horner. Sein's unbesorgt, uns kommt er nicht aus! (Stellt sich an's Fenster.)

Stramm (stellt sich an die Thür).

Weißb. (zum Gerichtschreiber). Wir aber gehen jetzt an unser Geschäft. (Setzen sich an den Tisch.)

Rob. (für sich). 'S müßt' doch mit dem Teufel zugeh'n, wenn ich den Dorfdespoten nicht herumkriegte! Nur keck! (Laut, zum Tische tretend.) Es scheint, daß ich jetzt einmal zu ein' Verhör komm' — warum ist das nicht gleich am ersten Tag g'schehen, nachdem ich durch ein bloßes Mißverständniß arretirt worden bin?

Weißb. Mißverständniß? — Erlauben Sie —

Rob. Reden's nicht! — Ich frag', zu was diese Verschleppung? Prompte Bedienung will ich von einem Gericht!

Weißb. Na ja, ja, Sie werden schon bedient werden! Aber wir sind nicht das Gericht, dem muß ich erst ein schriftliches Protokoll über die ganze Begebenheit einsenden, und Sie in der Anlage beilegen!

Rob. Mich dem Gerichte überliefern! Hahaha! für das, daß ein Paar von meinen Leuten haben stehlen und ich allein die Baronesse hab' retten wollen? Hahaha! 's ist zum Todtlachen! Haben Sie meine Leute schon vernommen?

Weißb. Probirt hab' ich's gestern und vorgestern, aber die Kerls reden ja eine Sprach', aus der keine Katz' klug wird.

Rob. (für sich). Ha, pfiffige Kerl! (Laut.) Ja, es sind meistens außereuropäische — Perser — Araber —

Weißb. Mir scheint, die meisten von den Diebsinseln!

Rob. 'S ist aber auch ein Chineser darunter — mich wundert, daß Sie sich mit dem nicht haben verständigen können.

Weißb. Wir halten uns an Sie, da Sie deutsch sprechen können!

Rob. Ich brauch' eigentlich gar nicht zu sprechen, da g'nug Anderes für mich spricht! Haben Sie Einsicht von meinen Papieren genommen? was?

Weißb. Na ja — da liegen's! (Auf einen Pack Papiere weisend.)

Rob. Na also — ist das nicht Alles in der Ordnung? (Die Papiere auseinanderlegend, und eines nach dem andern immer kräftiger auf den Tisch aufschlagend.) Da, mein von allen Gesandtschaften vidimirter Reisepaß! — Da meine förmliche Concession von der hiesigen Regierung — da Zeugnisse von den höchsten Herrschaften, die Bestätigungen von Behörden, daß ich mich überall als ein höchst ehrenhafter Charakter benommen hab'.

Weißb. (etwas verlegen). Na ja, das hab' ich wohl Alles gelesen.

Rob. Und können glauben, daß so ein Mann, der solche Zeugnisse aufzuweisen hat, nur so über Nacht ein Räuber und Mordbrenner werden kann? Hahaha! Sie wollen mich am End' unter Escorte an's Gericht abliefern? Hahaha!

Weißb. (ganz verblüfft). Er lacht!

Rob. Beim G'richt werden's noch mehr lachen über den Schafskopf von ein' Dorf-Bürgermeister, der sich so unsterblich blamirt hat.

Weißb. Schafskopf? blamirt? —!

Rob. Ja, 's ist schrecklich für ein' Bürgermeister, aber es kommt vor!

Dritte Scene.

Vorige. Rudolf. Auditor Strengheim.

Rud. und Strengh. (treten unbemerkt durch die Mittelthür ein, winken den Wachen, sich ruhig zu verhalten, und bleiben an der Thür stehen).

Weißb. (verwirrt und verlegen zum Gerichtsschreiber). Ich weiß wirklich nicht recht, woran ich bin!

Rob. (für sich). Er ist schon irr' — nur fortgekeckt! (Laut.) Na, da haben's mich ja, binden's mich, legen's mich in Ketten; — mir kann's nur Spaß machen, denn die höchsten Herrschaften werden bald für mich einsteh'n, wenn's hören, daß der berühmte, allgemein geachtete Robert Schwenk durch Ihre Dummheit in solche Fatalitäten kommen ist!

Strengh. (noch an der Thür stehend, ruft): Gregor Rapp!

Rob. (sieht sich überrascht um). Wer ruft?

Strengh. (vortretend). Ah, der Schurke hört doch noch auf seinen wahren Namen!

Rob. (zusammenbebend, für sich). Der Auditor! — (Hält sich mühsam an der Lehne eines Stuhles aufrecht.)

Weißb. Wahrer Name? — aber in sein Paß steht ja schwarz auf weiß: „Robert Schwenk!" — oder hat er mich mit den Papieren nur papierlt? (Hält die Papiere Roberts hin.)

Strengh. Nein, nein, die Papiere sind durchaus echt, aber dieser Bursche, der einst bei einer Freiwilligenschaar diente, von welcher er aber, um gerechter Strafe für schlechte Streiche zu entgehen, zum Feinde desertirte, nach dessen Besiegung als Marodeur umhervagabundirte, und zuletzt das Haupt einer Gaunerbande wurde, hat den Seiltänzer-Principal, den wahren Robert Schwenk, als dieser eben auf der Herreise durch Ungarn begriffen war, überfallen, ihn all' seiner Habseligkeiten und Papiere beraubt, und unter Verweisung der letzteren Eingang auf dem Schlosse gefunden!

Weißb. (erstaunt). Ist's möglich?

Strengh. (auf Robert weisend). Dieß bleiche Gesicht wäre der beste Beweis, wenn es noch eines solchen bedürfte! Aber eben langten auf telegraphischem Wege Steckbriefe von dem Gerichte ein, an welches sich der Beraubte gewandt, — und ich — als ich hier eintrat, erkannte in dieser Galgenphysiognomie gleich den unverbesserlichen Strolch, welcher damals der Schandfleck des ganzen Corps war, bei welchem ich selbst meine ersten Dienste als Auditor versah! (Zu Robert barsch.) Nun, was hat Er noch darauf zu erwiedern?

Rob. (hat sich nach und nach wieder ermannt, mit dem Humor der Verzweiflung). Ich bewundere die Bündigkeit, mit der Sie meine biographische Skizze entworfen haben! Uebrigens freut's mich, einen alten Bekannten zu treffen, mit dem ich schon vor Jahren in Geschäftsverbindung war. — Ich hoff', Sie werden mich gut behandeln. — Sie kennen schon meine Natur! —

Strengh. Elender! Der freche Spaß wird Dir vergehen! In dem Orte, in welchem Du dein letztes Verbrechen verübtest, ist das Standgericht publicirt, und dahin wirst Du nun abgeliefert! —

Rob. (auf's Neue erschreckt, für sich). Standgericht?! — entweder — oder! aber nur nichts merken lassen!

(Die Mittelthür öffnet sich, man sieht außerhalb derselben eine Abtheilung Militär stehen.)

Rob. (sich umsehend). Ah! recht stattlicher Cortége! (Für sich.) Wenn die mich einmal in der Mitten haben, ist auf kein Durchbrennen mehr zu denken! 's gilt ein' Desperationscoup. (Springt rasch beim Fenster hinaus.)

Stramm und Horn. (eilen an's Fenster und feuern ihre Gewehre durch dasselbe ab). } Beinahe zugleich.

Horn. Verwundt ist er — aber er lauft noch! Dort — durch die Weingärten! } Beinahe zugleich.

Rud. Ihm nach! nach! (Eilt durch die Mitte ab.)

Stramm und Horn. (folgen).

(Man hört von außen mehrere Schüsse fallen.)

Weißb. (steht wie versteinert). Peff! piff! — und ich bin ganz baff! Der Kerl muß ja ein verzaubertes Eichkatzel sein! Wie ist er denn nur fortkommen?

Strengh. (wüthend). Sie fragen noch? — Durch Ihre Schuld! —

Weißb. Durch meine Schuld? — Ah — jetzt ist's recht! — Ich kann gar nichts davor!

Strengh. Wie konnt' es Ihnen nur einfallen, in einem Zimmer, welches nicht einmal vergitterte Fenster hat, ein Verhör anzustellen mit einem so schweren Verbrecher!

Weißb. Schwer? — Er ist doch so leicht wie ein Federball 'nausg'sprungen! — Aber Sie haben Recht! (Zum Gemeindeschreiber.) Setzen Sie gleich für die nächste Sitzung auf die Tagesordnung den Antrag, daß unsere Gemeindevertretung in das Budget für's nächste Jahr die Anschaffung von ein' Gitterfenster aufnimmt, und mir den nöthigen Credit hiezu bewilligt! —

Strengh. Ja nun, weil die Kuh aus dem Stalle ist! —

Weißb. So geht's bei uns immer!

Strengh. Wenn er nicht mehr eingebracht wird, trifft alle Verantwortung Sie!

Weißb. (erschreckt). Himmel! wegen seinem Sprung stund am End' ich selber am Sprung? — Nein! — er muß eingebracht werden! Schreiben wir ein' Preis aus auf seine Einlieferung!

Strengh. Ja, das wird was nützen!

Weißb. O gewiß! Nur ein Preis ausschreiben, dann wird immer das Schlechte geliefert. —

Vierte Scene.

Vorige. Rudolf. Einige Bauern.

(Man hört zuerst von außen lautes Reden.)

Weißb. (gegen die Mittelthür sehend). Was gibt's denn wieder?

Rud. (den blanken Säbel noch in der Hand haltend, tritt durch die Mitte ein).

Mehrere Bauern (folgen ihm, sichtbar ergriffen, und bleiben am Eingange stehen).

Weißb. (schnell auf Rudolf zueilend). Du komm'st z'ruck? — Habt's ihn, oder habt's ihn nicht?

Rud. (den Säbel einsteckend). Ja! — (Sehr ernst.) Er ist in unsern Händen!

Weißb. (höchst erfreut). Gott sei gelobt! — (Zu Rudolf.) Auch für den Räuber dank' ich Dir! — Aber gebt's nur Acht, daß er Euch nicht wieder auskommt — nur gleich vor's Standgericht!

Rud. Der steht dießseits vor keinem Gerichte mehr! —

Weißb. Na ja, aber jenseits — der Leitha!

Rud. (gegen oben weisend). Jenseits!

Weißb. Was soll das heißen? (Man hört von außen den gezogenen Klang eines Kirchenglöckleins.)

Rud. Die Glocke beantworte eure Frage — folgt mir und seht selbst!

Weißb. Was werd' ich sehen?! Geh'n wir — geh'n wir Alle hinunter! (Eilt voraus ab. — Alle Uebrigen folgen. — Musik.)

Fünfte Scene.

Verwandlung bei offener Bühne.

(Straße außerhalb des Ortes — in der Mitte der Bühne das Tableau nach dem bekannten Bilde: „Der Tod des Räubers;“ rechts und links im Vordergrunde Landleute beiderlei Geschlechtes, die Weiber knieend, die Männer mit abgezogenen Hüten, das Tönen der Glocke dauert fort, der Verwandlungsvorhang fällt.)

Sechste Scene.

Verwandlung.

(Park beim Schlosse — rechts im Vordergrunde ein Kiosk, dessen Dach auf dünnen Säulen ruht, zwischen welchen sich zeltartige Vorhänge befinden, in demselben eine Ruhbank und einige Stühle, rund um denselben Blumen; links ein Bosquet, unter welchem ein Gartentischchen und einige Stühle stehen.)

Anton, Kurzmann.

Ant. (im Zwilchkittel, den linken Arm in der Schlinge, von links). A bißl herg'nommen hat's mich doch! und die frische Luft — ich g'spür's — g'sund ist's, aber so g'wiß matt macht's doch! — Ich hab's nur dem Arzt nicht g'stehn wollen, sonst hätt' er mich gleich wieder in's Bett commandirt, und 's ist dahier so schön! — (Streckt die Beine auf die Bank und stützt das Haupt auf den Ellbogen der rechten Hand, nach und nach vom Schlafe überwältigt.) Der G'ruch vom frischen Laub' — die Blumen — ah! Die Welt ist doch schön! und — wenn ich g'storben wär' — 's wär mir leid um mich! — Ob noch wem andern leid g'wesen wär'? Der Rosi? — ob die Rosi — g'weint hätt'? (Blickt sinnend vor sich.)

Siebente Scene.

Rosi (tritt auf, bleibt im Hintergrund, Anton betrachtend).

Wie blaß er ist! Armer Toni! — Ich weiß selber nicht, was in mir seit dem Augenblick, wo er allein so muthig aufgetreten ist, vorgangen ist! — Ich war dem armen Burschen immer gut, aber ich hätt' mich g'schamt, es zu g'steh'n, und jetzt — jetzt scham' ich mich fast, daß ich mich g'schamt hab'! — Wann ich ihm ein kleines Zeichen gebet —

Ant. (erwacht in diesem Augenblicke aus seiner Träumerei).

Rosi (fährt erschreckt zurück). O mein Gott!

Ant. (sich rasch von der Bank erhebend). Was seh' ich? — Rosi! — Sie — Sie da — bei mir?

Rosi (in höchster Verlegenheit). Ich — ich bin mit der Baroness' — (Sich umsehend.) Mein Gott! wo ist's denn hinkommen? (Sieht gegen links.) Ah — dort in der Allee — mit dem Bruder — ich muß zu ihr — (Will fort.)

Ant. (feurig). Nein — nein — Rosi! nur ein' Augenblick —!

Rosi (stehen bleibend, zögernd). Na — und — was wollt's denn?

Ant. Ihnen sagen — (Will auf sie zu, plötzlich sich erinnernd.) Halt! — der Schwur, den ich ihrem Bruder g'leist' hab! Ich muß fort — sein's nit bös, aber, meiner Seel'! ich muß! — Also b'hüt'Gott, Rosi, b'hüt Gott! (Will gehen, sieht sich aber wieder nach Rosi um und bleibt stehen, für sich.) Meine Füß' wollen nicht weiter! — ich brauchet a Vorspannsbewilligung. (Sich zum Gehen zwingend). Na — weiter!

Rosi (ihm zusehend, mitleidig). Seht's, 's geh'n fallt Euch noch schwer! Nein — ich kann die Verantwortung nicht auf mich nehmen — setzt's Euch! — mir z'Lieb'!

Ant. (wieder innig). Ihnen z'Lieb'? Ihnen z'Lieb' leg' ich mich in's Grab, und wenn Sie sagen — — (Sich wieder besinnend, für sich.) Sei g'scheit, Tonl! Ich bitt' Dich um Gottes willen! sei g'scheit!

Rosi (setzt sich auf einen Stuhl im Kiosk, auf einen daneben stehenden weisend). Na, so geht's — nehmt's Platz!

Ant. (mit beklommener Stimme). Ich — ich bin so frei — daß ich den Schlaf nicht austrag' — (Nimmt einen Stuhl auf der linken Seite und setzt sich.)

Rosi (fast ärgerlich, für sich). Na, ich setzet' mich gar auf die Gartenplanken hinaus! (Laut.) Aber Ihr sitzt's ja so weit weg, daß wir kaum hören können, was wir reden!

Ant. (für sich). Ich soll näher kommen! O, mich zieht's eh' hinüber! — wann ich durft'! — aber nein! (Rückt dennoch rasch näher.) Je näher ich komm', desto mehr zieht's mich! — O Gott! o Gott! o Gott! (Setzt den Stuhl wieder etwas zurück; in die Scene links sehend.) Kommt denn die Baroness' noch nicht bald? — Ich halt's nicht aus! (Pause.)

Rosi (hat indeß aus ihrem Körbchen ein Strickzeug hervorgezogen und beginnt zu stricken, für sich). Er red't nichts! (Räuspert sich verlegen, dann laut.) Ihr werd's recht erschöpft sein — natürlich! so a Wunden —

Ant. Ah die Wunden — die ist bald g'heilt, aber —

Rosi. Na, aber —?

Ant. (für sich). Keine Dummheiten — (Laut.) Aber, habe ich sagen wollen — a schön's Wetter brauchet' ich halt!

Rosi (herzlich). Na, ich wünsch' Euch, daß Euch die Sonn' recht freundlich scheint!

Ant. O, mir ist eh' heiß genug! (Wischt sich mit der rechten Hand den Schweiß von der Stirne.)

Rosi. Na, das ist halt die Schwäche!

Ant. O Gott! schwach fühl' ich mich just nicht!

Rosi. Ihr hab't wohl recht viel ausg'standen, so lang Ihr g'legen seid?

Ant. Ich weiß selbst nicht, der Regimentsarzt hat g'sagt, ich hätt' viel phantasirt —. Es war mir manchmal so, als wann die Thür von mein' Zimmer sich ganz still aufmachet, und unter der Thür — da ist ein Köpferl erschienen — wie ein Engelsköpferl — das hat mit so ein' sanften, mitleidigen Aug' auf mich g'schaut, aber — wie ich mich nur auf mein' Lager g'rührt hab' — war's wieder weg!

Rosi (verbirgt ihr Gesicht beinahe in ihrer Strickerei, gezwungen). So? Hm! wie spaßig man phantasirt!

Achte Scene.

Vorige. Rudolf. Clotilde.

Rud. und Clot. (treten Arm in Arm mehr im Hintergrunde links auf).

Rud. (deutet lächelnd auf Rosi und Anton).

Ant. (ohne die Gekommenen zu bemerken, zu Rosi). Und das Sonderbare war, daß mir immer vorkommen ist, als ob das G'sichtel und die feuchten Augen, und — und die ganze G'stalt (sich erhebend und zu Rosi eilend) Sie — Sie —

Rosi (erschreckt vom Sitze auffahrend). Was?!

Ant. (sich wieder rasch bemeisternd). Verzeihen's — ich hab' g'glaubt, 's ist Ihnen a Maschen hinunterg'fallen, und — die hab' ich aufheben wollen! (Kehrt gleichsam beschämt wieder zu seinem Sitze zurück.)

Rud. (bricht in lautes Lachen aus). Hahaha! (Zu Clotilden leise.) Hab' ich Recht gehabt?

Rosi (erschreckt). Der Bruder — die Baroneß — (Zugleich.)

Ant. (sich richtend). Der Lieutenant! (Aufathmend, für sich.) Gott sei Dank! (Zugleich.)

Rud. (in der heitersten Stimmung mit Clotilden zwischen Anton und Rosi tretend, lachend zu Anton). Also Du hattest während deiner Krankheit Visionen? Vielleicht (Rosi am Kinne fassend) sehen wirkliche Gestalten wie Visionen aus! Wenn z. B. ein um einen Verwundeten besorgtes Wesen —

Rosi (eilt zu Clotilden, ihr Antlitz an deren Busen bergend). Baroneß', ich bitt' Ihnen, befehlen Sie ihm, daß er schweig'!

Clot. Im Gegentheile — ich fordere Sie auf, offen zu sprechen! Glauben Sie mir, die größte Lüge ist's, wenn der Mund der Stimme des Herzens widersprechen will! Und wie ich selbst eben jetzt Ihrem Bruder bekannt habe, wie unendlich theuer er mir sei — (Geht zu Rudolf und reicht ihm ihre Hand.)

Rosi (hoch erfreut). Was? Sie — Sie haben dem Rudolf g'standen —? Na, dann — dann mach' ich Ihnen's nach, und sag's dem Toni. (Eilt mit ausgebreiteten Armen auf Anton zu.)

Ant. (außer sich vor Freude). Rosi! So kommst Du mir entgegen — und nachher soll ich noch ein Arm in der Schlinge tragen? (Reißt die Schlinge ab und wirft sie weg.) 's geht nicht — ich brauch' alle zwei Arm'. (Drückt Rosi an seine Brust.) Um in deinen Armen die Armseligkeit zu g'nießen!

Neunte Scene.

Vorige. Dr. Kurzmann.

Kurzm. (erscheint im Hintergrunde, für sich). Ich suche meine Patientin überall — (Blickt nach vorwärts, und sieht die beiden Gruppen der Liebenden — zuerst sprachlos die Hände zusammenschlagend, dann für sich.) Ah! die gebrauchen Hausmittel! Jetzt hab' ich die Diagnosin und prognosin — und kann den Herrn Baron vollkommen beruhigen. (Eilt nach rechts ab.)

Rud. Alle Heimlichkeit soll bald ein Ende haben! Aufrichtig und offen, wie es ehrlichen Männern ziemt, wollen wir vor die Väter unsrer Angebeteten treten.

Clot. Mein Vater ist frei von allen Vorurtheilen, und wird dem Retter die Gerettete nicht versagen! Nun aber, liebes Röschen! Folgen Sie — nein, folge Du mir — denn die Schwester dessen, den ich liebe, ist ja auch meine Schwester! (Mit Rosi nach rechts ab.)

Ant. (fast von der Zumuthung erschreckt). Rosi! mein Weib? Hör' — der Gedanke kommt mir selber zu keck vor! — Die Rosi — die Bürgermeisterstochter — und ich —!

Rud. (ihn parodirend). Und ich! — Donnerwetter! Bescheidenheit ist schon recht, doch der Mann muß sich auch fühlen! Nun — ich hoff', Du wirst heute noch zu diesem Selbstbewußtsein gebracht werden! Hör' mich an! Das im Orte concentrirte

Militär rückt heute vor dem General in Parade aus — Du wirst auch dabei sein — nach der Parade aber werd' ich Dich mit meinem Vater zusammenbringen — dann sei auch diesem gegenüber kein Traumichnicht! den point de vue in's Auge gefaßt, und „G'radaus!“ dadurch muß sich der militärische Freier von dem civilistischen unterscheiden! Wir werden für Dich das Uns'rige thun, dann (lachend) soll Dich der Teufel holen! (Drückt ihm herzlich die Hand.) B'hüt Dich Gott! (Ab nach links.)

Zehnte Scene.

Anton (allein).

Ich soll mich auch bei meiner Bewerbung als Soldat zeigen? Ich hab' immer g'meint, in Allem, was nicht g'rad' zum Dienst g'hört, wär' kein Unterschied zwischen dem Benehmen des Civils und Militärs — aber doch, wenn man das Wesen und Treiben von gewissen Leuten bei gewissen Gelegenheiten im Civil betracht', möcht' man oft ausrufen: Das ist nicht bloß civil, sondern zu viel — während man bei gleichen Anlässen im Militär doch sagen muß: „Ja — das ist halt ein Soldat!“

Couplet.

Was Schön's ist die Andacht, die tief aus dem Herzen
An Herrgott sich wend't in Freuden und Schmerzen,
Doch Leut' gibt's, die alleweil die Augen verdreh'n,
Gebeter herplappern, die's selbst nicht versteh'n,
Die, statt daß sie ablegen möchten ihre Sünden,
Sich woll'n mit dem ewigen Richter abfinden
Mit Formeln, die's ohne Gedanken hersagen,
Dabei aber nur ihre Nebenmenschen plagen,
Sich setzen oft stundenlang in Betstuhl hinein,
Weil sie zur Arbeit nicht aufg'legt just sein.
So beten oft d'Leut im Civil,
Da könnt' man doch sagen: 's ist zu viel.

„Gewehr bei Fuß!“ und zum Gebet
Die ganze Compagnie dasteht!
Drei Trommelschläg' — am Czako d'Hand,
Das Aug' dem Himmel zugewandt,
Die Lippen sprechen wohl kein Wort,
Das Herz nur meld't sich zum Rapport
Mit seinen Wünschen und Begehr'n
Beim Herren aller irdischen Herr'n;
Ich mein', das ist doch recht g'rad',
Und also betet ein Soldat. —

Umsonst ist der Tod, kann's was Unwahrer's geb'n,
Der Tod kost' für's Erste schon viel, er kost's Leben,
Und wann's dann nur aus wär', was kost' erst die Leich',
Da meld't sich vor Allen der Conduct-Ansager gleich,
Wie wachst seine Rechnung, stellt man das Begehr'n,
Der Welt z'Lieb' recht pomphaft begraben zu wer'n. —
Ein eigen's Grab dann, a g'spaßige Red',
Als ob a Todter noch a Eigenthum hätt', —
Dann sein die Familien oft noch capricirt,
Daß Einer auf dem oder dem Ort begraben wird. —
Wie oft kommt das vor beim Civil —
Es wird ein' wirklich schon zu viel.

Wenn aber auf dem Felde der Ehr'
Die Todten zählt ein jedes Heer,
Da wird nur eine breite Schacht,
Sie Alle aufzunehmen g'macht;
Da liegen's friedlich neben einand',
Wie's' neben einand' hab'n g'halten Stand.
Ihr Bartuch ist der Rasengrün
Und Gott laßt d'rauf die Blumen blüh'n,
Denn sein ist ja die ganze Saat
Und so ein Grab will der Soldat.

Ein Herr geht zum Zahnarzt; ein roglicher Zahn,
Den man mit ein' Zwirnsfaden schon aus-reißen kann,
Hat weh' 'than, jetzt laßt er sich narkotisir'n,
Um nur von der Operation nichts zu spür'n,
Wie's gar ist, und endlich der Zahn ist heraus,
Traut er sich zu Fuß nicht zu gehen nach Haus,
Er wickelt den Kopf sich in Pölster ganz ein,
Denn schädlich könnt' d'Luft für die Zahn-lucken sein.
D'rauf sucht in sein' Amt um ein' Urlaub er an,
Damit er in Ruhe sich ausheilen kann.
Solch' wehleidige Leut' gibt's oft im Civil,
Da könnt' man doch sagen, es ist schon zu viel!

Vor der Batterie der Commandant
Steht mit dem Säbel in der Hand
Im stärksten Feuer fest am Fleck,
Eine Kugel kommt — der Arm ist weg.
Rasch legt er an sich ein' Verband,
Den Säbel d'rauf in d'linke Hand,
Und fort wird wieder commandirt,
Kein' Schmerz, kein' Müdigkeit er g'spürt,
So lang sein' Pflicht zu thun er hat,
So a Natur hat der Soldat.

(Ab.)

Elfte Scene.

Baron, Dr. Kurzmann, Weißberger (treten von rechts auf).

Baron (zu Weißberger). Sie waren also bereits so gefällig, meine Einladung den Einwohnern des Ortes mitzutheilen?

Weißb. Versteht sich! — Na, den allgemeinen Jubel hätten der Herr Baron anhören sollen!

Baron. Alle sollen sich mit mir freuen, daß die gemeinsame Gefahr so glücklich abgewendet wurde! Herr Doctor! — finden Sie die Genesung meiner Tochter so weit vorgeschritten, daß sie, ohne Furcht vor einem Rückfalle, an dem Feste theilnehmen darf?

Kurzm. (zuckt die Achseln bedenklich). Hm!

Baron (erschreckt). Um des Himmels willen! Eine so bedenkliche Miene zeigten Sie bisher noch nie!

Kurzm. Weil ich den wahren Zustand der Baronesse nie so erkannte, als eben jetzt.

Baron (immer ängstlicher). Eben jetzt? — O sprechen Sie!

Kurzm. Ja, ich möchte wohl — aber ich fürchte nur, 's wird Ihnen unangenehm sein, wenn ich die Wahrheit —

Baron. Nein, nein! Ich beschwöre Sie, sprechen Sie offen! — Worin besteht ihr Leiden?

Kurzm. Es ist eine Krankheit, welche beinahe einen epidemischen Charakter angenommen hat — ein großer Theil der hiesigen weiblichen Bevölkerung scheint davon afficirt zu sein!

Baron. Und wie benennen Sie die Krankheit?

Kurzm. (lachend). Febris amorosa militaris! Hahaha!

Baron (verletzt). Sie lachen?

Weißb. Na ja, wenn's recht viel Kranke gibt, lachen die Doctoren immer. —

Kurzm. Nein, ich lache dazu, wenn ich nicht nur die Krankheit erkenne, sondern zugleich das sicher wirkende Heilmittel verschreiben kann!

Baron. Ich versteh' Sie nicht!

Weißb. Ich auch nicht! (Zu Kurzmann.) Und was verordnen Sie denn in dem Fall?

Kurzm. Ja, das hängt von dem Grade der Krankheit ab, — für die Baronesse z. B. würde ich das Recept so schreiben: Recipe. Tincturam martis locumtenentis; zu deutsch: Einen in Gegenliebe aufgelösten Lieutenant!

Weißb. (höchst erfreut). Was sagen Sie?

Baron (fast entrüstet). Herr Doctor! Sie berühren hier —

Kurzm. Die Stelle, wo die Kugel steckt! Kann ich helfen, Herr Baron? Die ganze Krankheit der Baronesse war eine Liebe, die sie bisher nicht zu gestehen wagte, und sie wird geheilt sein, sobald Sie Ihre Zustimmung zu einer Verbindung mit dem Manne geben, den sie liebt!

Weißb. Das heißt: mit meinem Sohn! (Zum Baron.) O Herr Baron! Erlauben Sie, daß ich Ihnen gleich eine Liebeserklärung — —

Baron (zu Weißberger). Ich bitte Sie innezuhalten!

Weißb. (zu Kurzmann). So reden Sie, Herr Doctor! Machen's ihm die Höll' recht heiß!

Kurzm. (zum Baron). Ja, Herr Baron! Der Fall ist nicht so unbedenklich, es könnte sich eine Gemüthskrankheit entwickeln — die Baronesse ist ein zartorganisirtes Wesen, und kein Grenadier, der erst todtgeschossen werden muß, um zu sterben!

Baron (heftig erschreckt). Sterben?! — meine Tochter?!

Weißb. (dringend). Aber so geben wir ihr doch den Lieutenant!

Baron (rasch auf- und niedergehend, die Hand auf seine Stirne pressend). Wenn es so wäre? — Wenn es so wäre!

Weißb. (für sich). Er geht auf und ab! — Gut! so kommt die Sach' doch in Gang! (Geht dem Baron nach, laut.) „Wenn es so wäre?“ — Glauben's mir, es ist so! Die Baroness' ist hin, wenn wir nicht bei Zeiten dazuschauen!

Baron (zu Kurzmann). Herr Doctor, ich danke Ihnen für die Mittheilung Ihrer Ansicht — (Verabschiedet ihn durch eine Handbewegung und setzt sich dann nachdenkend an einen Tisch.)

Kurzm. Ich hielt es für meine Pflicht. (Verneigt sich und will fortgehen.)

Weißb. (zu Kurzman). Ich werd' Ihnen auch erkenntlich sein! Wirklich! Sie sein ein ausgezeichneter Arzt — haben einen Menschenverstand — d. h. Sie verstehen die Menschen, und wenn einmal in meinem Haus was fehlt, lass' ich bei Niemand andern arbeiten, als bei Ihnen!

Kurzm. Nun, so sag' ich Ihnen gleich, auch Sie haben in Ihrem Hause eine Patientin —

Weißb. (stutzt). Was? Wer denn?

Kurzm. Ihre Tochter!

Weißb. Warum nicht gar! — Was sollt' denn meine Tochter für eine Krankheit haben?

Kurzm. Dieselbe, an welcher die Baronesse leidet, nur in einem geringeren Grade. — Die Baronesse liebt einen Lieutenant und Ihre Tochter einen Gefreiten — das ist der ganze Unterschied! Hahaha! (Geht nach links ab.)

Baron (aufhorchend, für sich). Was hör' ich?

Weißb. (Kurzmann nachsehend). Das wär' gar dumm! — (Für sich.) Wenn meine Tochter an dem Uebel laborirt, da hätt' ich (mit der Pantomime von Schlägen) drastische Mittel bei der Hand! Ich darf jetzt nur an mein'n Sohn denken! — Wenn ich nur wüßt', wie ich ihn (auf den Baron blickend) am besten pack! (Bleibt überlegend stehen.)

Baron (für sich). Da wäre ja das Mittel gefunden, den jungen Mann heute noch zum glücklichsten Menschen zu machen! Doch meine Tochter? — Der Lieutenant hat sich ihrer würdig bewiesen — soll ich ihrem Herzen Zwang anthun?

Weißb. (für sich). Ich muß ihn herumkriegen! — Nur fest d'rauf los! (Zum Baron tretend, laut.) Also, Herr Baron! daß wir wieder auf den besagten Hammel kommen — nämlich auf mein'n Sohn — —

Baron. Ich bitte Sie, diese Angelegenheit nicht weiter zu berühren!

Weißb. Aber, Herr Baron! sein's g'scheit — (sich rasch verbessernd) ich hab' sagen wollen: Ueberlegen's a bißl! Wenn man eine Tochter hat, und weiß, daß sie in ein braven jungen Mann sterblich verliebt ist, und wenn so ein junger Mann noch dazu sich in seinem Stand ausgezeichnet — was Besonderes geleistet hat —

Baron (gleichsam als ob er nach und nach überredet würde). Ja, ja, dann sollte wohl ein vernünftiger Vater sich auch über den Unterschied des Vermögens hinaussetzen.

Weißb. Uebrigens, Herr Baron, ist die Hauptsach', daß eine Frau an ihrem Mann einen kräftigen Schutz hat! — Und wer könnt' ihr mehr Schutz bieten, als ein Soldat?

Baron. Sie haben in der That eine so überzeugende Dialectik —

Weißb. (für sich, triumphirend). Ich hab' ihn schon herumg'kriegt! Jetzt nur noch den Hauptschlag! (Laut.) Und endlich, bedenken Sie, was der Arzt gesagt hat.

Baron. Ja, was der Arzt Ihnen sagte —

Weißb. (stutzend). Mir?

Baron. Daß Ihre Tochter den braven Gefreiten liebe —

Weißb. Aber das gehört ja nicht daher!

Baron. Doch, doch! denn nach den Ansichten, (etwas ironisch) welche Sie so eben entwickelten, können Sie ja keinen Anstand nehmen, Ihre Tochter sogleich dem tapfern Soldaten zu geben.

Weißb. (für sich). Da hab' ich mich schön g'fangt! Tausend Sapperment! was thu' ich denn? (Laut zum Baron.) Ja, schaun's, Herr Baron, wenn ich auch wollt', wer weiß, ob mei' Rosl wirklich so verliebt ist, und — schaun's — a G'freiter, und — dann — schaun's — es sein halt doch ganz and're Burschen im Ort, die a bißl anders auftreten.

(Es ertönt hinter der Scene links die Musik einer Regimentsbande.)

Weißb. (sich umsehend). Was ist denn das?

Baron. Ah — der General hält dort auf dem Schloßplatze Revue über das Militär im Orte — (Wendet Weißberger vollends gegen links.) Jetzt schauen Sie! schauen Sie!

Zwölfte Scene.

Vorige. Rudolf. Anton. Clotilde. Rosi. Der General. Officiere, später Soldaten verschiedener Truppengattungen.

Rud. (kommt, Anton mit einem Arme umschlungen haltend, vom Hintergrunde links).

Mehrere Soldaten verschiedener Truppengattungen (ohne Feuergewehr, jedoch mit dem Seitengewehr versehen und in voller Parade, folgen in nächster Nähe, Anton die Hand drückend, ihn umschlingend u. dgl.).

Die Ortsbewohner, darunter auch: Knettmann, Adrian, Steffler, Bracker, Jacob, Nani (folgen zum Schlusse, die Mehrzahl derselben die Hüte schwenkend, und »Vivat« rufend).

Rud. (zu Weißberger, auf Anton weisend). Da, Vater! seht, wie unser Kaiser das Verdienst, welches sich der Soldat auch im Frieden um seine Mitbürger erworben, zu lohnen weiß! —

Weißb. (verwirrt). Na, g'freut mich unendlich — gratulir' —

Baron (zu Weißberger). Nun frag' ich Euch, welcher Bursche im ganzen Orte herrlicher auftreten kann, als dieser?

Weißb. (wie oben sich umsehend). Ja, 's ist wahr, so — so g'wiß respectabel — so g'wiß »wie soll ich sagen« — schaut Keiner aus!

Baron. Und wenn ich nun sage, daß ich dem Retter meines Eigenthums ein kleines Bauernanwesen kaufe, das bei redlichem Fleiße einst ihn und seine Familie ernähren kann, und alle Töchter des Ortes frage: »Welche von Euch will den zum Manne?«

Mehrere Dirnen (wollen hervordringen).

Die Bursche (halten sie aber zurück).

Rosi. Ich — ich sag' vor aller Welt — ich will sein werden — aber (bittend zu Weißberger) natürlich nur mit eurem Segen! (Die Hände faltend.) Vater!

Ant. (zu Weißberger eilend). Lieber Herr Bürgermeister!

Rud. (auf Weißberger's anderer Seite). Vater! wenn Ihr mich liebt!

Weißb. (sich gar nicht mehr zu helfen wissend, verzweifelnd, für sich). Sie bracken mich ordentlich z'samm' — ich, ich weiß gar nicht mehr — (Zu Rudolf laut.) Ich — ich gebet ja nach, aber Du hast mein Schwur g'hört: „Nie dem Gefreiten!“

Ant. Wenn's nur das ist.

Weißb. (für sich). Jetzt weiß ich mir gar nicht mehr z'helfen!

Baron (zu Weißberger). Sie zögern noch? — (Zu Rudolf.) Herr Lieutenant!

Rud. (zum Baron tretend). Herr Baron?

Baron (zu Weißberger). Hören Sie mich! das, was Sie thun werden, gelobe ich nachzuahmen! (Faßt Clotildens und Rudolfs Hand.)

Weißb. Was? — Sie, Herr Baron! Sie wollen — jetzt — (Rasch Antons und Rosi's Hände ineinanderlegend.) Jetzt müßt's Euch heiraten!

Rosi	ihm um den	Vater!
Ant.	Hals fallend.	Herr Bürgermeister!

Weißb. Na ja. (Zu Anton.) Wann ich Dich anschau' — und die Andern —! And're Väter haben oft ein Kreuz mit ihren Schwiegersöhnen — muß ich nicht froh sein, wenn ich ein Schwiegersohn mit ein' Kreuz hab'? — (Zum Baron.) Aber jetzt, Herr Baron! — machen Sie's mir nach!

Baron. Ich halte mein Wort. (Legt Clotildens Hand in die Rudolf's.)

Clot.	an seinem	Vater!
Rud.	Halse.	Herr Baron!

Weißb. (zu Anton und Rosi). Seht's es! die machen's wieder Euch nach — 's ist beim Heiraten alleweil 's Nämliche!

Baron. Doch nun laßt uns das Fest beginnen, das den friedlichen Bürger mit den tapfern Kriegern in Freude und Lust vereinigen soll. (Er winkt.)

Dreizehnte Scene.

Vorige.

(Ein Wagen mit einem großen, mit Fahnen besteckten Fasse, auf welchem zu beiden Seiten als Marketenderinnen gekleidete Mädchen stehen, fährt vom Hintergrunde herein — eine Musikbande fängt eine heitere Tanzweise zu spielen an. — Die Marketenderinnen werden von den Bauernburschen, — die Bauernmädchen von den Soldaten zum Tanze gezogen. Während des Tanzes und allgemeinen Jubels

fällt der Vorhang.)

Ende.

Druck und Papier von Leopold Sommer in Wien